结构化写作

——让表达快、准、好的秘密

（第2版）

主　编　卢卓元　黄　鑫
副主编　颜　珺　相金妮　张晓艳
参　编　招弘瑶　武君蔚

北京理工大学出版社
BEIJING INSTITUTE OF TECHNOLOGY PRESS

版权专有　侵权必究

图书在版编目（CIP）数据

结构化写作：让表达快、准、好的秘密 / 卢卓元，黄鑫主编. — 2版. -- 北京：北京理工大学出版社，2021.1（2024.8重印）

ISBN 978-7-5682-9453-9

Ⅰ.①结…　Ⅱ.①卢…　②黄…　Ⅲ.①商务–应用文–写作–高等学校–教材　Ⅳ.①F7

中国版本图书馆 CIP 数据核字（2021）第 005089 号

责任编辑：李慧智　　　**文案编辑**：李慧智
责任校对：刘亚男　　　**责任印制**：李志强

出版发行 /	北京理工大学出版社有限责任公司
社　　址 /	北京市丰台区四合庄路6号
邮　　编 /	100070
电　　话 /	（010）68914026（教材售后服务热线）
	（010）68944437（课件资源服务热线）
网　　址 /	http：//www.bitpress.com.cn
版 印 次 /	2024年8月第2版第9次印刷
印　　刷 /	涿州市新华印刷有限公司
开　　本 /	787 mm × 960 mm　1 / 16
印　　张 /	16
字　　数 /	189千字
定　　价 /	45.60元

图书出现印装质量问题，请拨打售后服务热线，负责调换

第2版序言

2019年8月，《结构化写作——让表达快、准、好的秘密》问世。这一年多来，无论是教材的编写内容还是装帧设计都得到了师生的好评和认可。

高校的写作课程改革如今已到了一个更高的阶段，不但追求课程内容的普适性，同时也注重对于学生的可应用性，以及和学校类型的契合，因此对于教材的建设和选择会抱着更为理性和审慎的态度。在我们的课程改革过程中，我们坚信，培养学生的理性思考、分析问题和写作表达方面的能力对于如今的大学生是必要的，也是重要的。因此，在第2版中我们做了如下内容的更新：

1. 进一步理清了部分关键词的概念，使得概念更明确、简洁、精准；更新了个别案例和结构图，更贴近校园生活与职场需要。

2. 在前一版的基础上更广泛地总结了日常使用率高的写作场景，结合本书提及的写作框架归纳出不同场景的特殊写作需求和技巧。

3. 课程论文写作最能够体现学生在问题意识、分析和论证方面的能力，因此，我们结合本书的框架增加了论文写作内容，分别是主题、文献搜集、论文的结构和语言特点几个方面。

假如你已经读过第1版，会很容易发现第2版的不同，假如你从现在开始接触这本教材，相信你会有跟阅读其他写作教材完全不一样的收获。

最后，祝愿无论是大学生的你还是职场上的你，都能够让写作成为成功路上的一把利器。

第1版序一

这是一本好书。就个人的写作与教学实践而言，我认为的"好书"标准必须"有用、有料、有趣、有槽点"。有用的文章来自作者实践的体悟（身），有料的文章来自作者深刻的思想（心），有趣的文章来自作者有趣的灵魂（灵），有槽点的文章能启发读者引申思考。

这是一本好工具书。就个人的编撰与讲授体悟来说，我认定的"好工具书"必须包含理念/观念、方法（论）、工具（库）、案例（集）四个重要构件。开宗明义，观念先行；形而上学，方法普适；工具高效，信手拈来；案例适切，堪为示范。

"文章千古事，得失寸心知。"挟多年的教学经验，本书诸作者总结提炼了日常各种体例写作的基本范式，文体无关、结构无异、顺序有别，提供了一套可循之蹈之的系统方法，为非文科专业的学生和写作者提供了一个入门训练范本，实在功德无量。自古"文无第一，武无第二"，写作者遵循此法，不断操练，自然可以技巧纯熟，得之于心而应之于手。

文章不是简单机械的字词排列组合。"从本质上说，文字是思维的外化，一切表达出来的东西都是思维的表现形式。因此，写作得好与不好，关键还是看思维的能力或者说是思维的优劣，掌握一种高效能的思维方式是可以帮助写作发生质的变化的。"因此，如果将《结构化思维》作为先导课程，或可以倍增本书的训练效能。

就个人阅读经验而言，中文写作界最大的硬伤是逻辑混乱。客观地说，除了极少数文史哲学类专业，我们所受的学历教育，大抵都缺乏专门的形式逻辑训练。初、高等教育中，仅有数学或以数学为基础的课程能提供部分逻辑思维训练，各种名称带"结构"字眼的课程也在其中。

应邀为本书作序，或许是因为恰好我本科毕业于（无线电设备）结构设计专业，业余兼舞文弄墨，忝列教席。溢美乃陋习，续貂则谮妄，诚惶诚恐。姑且作为一个习作者分享一点心得，非锦上之花，仅添枝加叶耳。

我对写作发生浓厚的兴趣，自中学始，感恩几位语文先生的启发与栽培。先生授徒以文法、章法、句法，叮嘱多读、多写，从摹写入门；兴趣导向，心有所思，书之成文；由近及远，写身边人身边事；自实向虚，先事实后引申。学生谨守此法，久而久之，渐开窍门。及长，复发现除了以文为范，音乐尤其是古典音乐，也可对作文发生潜移默化的训育作用。交响乐作品之动机、主题、旋律、节奏、变奏、配器、声量、情绪等要素构成的能量谱，与写作文章存异曲同工之妙。

当下之世，写作与阅读场景皆变，作文之法自当与时俱进。本书作者关于场景写作的见解委实独到。写作者应该预设读者，甚至可于案上立一幅典型读者的照片，俯仰之间，四目相对，心灵相通。落笔之处，如书故事，更易引人入胜（景）。如切如磋，娓娓道来，可读性自然提升。

如上作法，"亲测有效"，读者不妨一试。

通读全书，我以为或许尚有遗珠之憾者二，读者不妨自行补白。一、"篇幅规划"，就字数限定，在结构基础之上，先为各段落分配权重，以避"头重脚轻""四肢失衡"之病。二、"（小）标题法"，对于长文，贴切的小标题可以强化文章结构的清晰度，增进可读性。

读者师生或可再进一步，本书作者推介之"结构先行，砌块填充"妙法之外，可否另辟蹊径？键盘写作时代，"砌块先行，结而构之"，剪切、粘贴，似也不失为一种办法。本文即以此法写成。

至于"五四"以来，白话风行，今日青年，如何对抗粗鄙流俗，捍卫汉语言魅力，写出典雅又不失直白的好文章，还有待师生共同用心用力。期待本书作者再有新作，另文教导。

陆亚明

西安欧亚学院通识教育顾问

深圳职业技术学院特聘教授

深圳大学传播学院客座教授

第1版序二

结构无处不在。万物均有结构,万物也均在结构之中。

做任何事情,如果先有一个结构,即使以后会调整,也是有比无好。没有结构,容易陷入散乱无序。有结构,会形成有力的支撑框架,结构可能一开始不会很清晰,可以在过程中进行调整。

结构化能力不是天生的,需要苦练。

我最早接触"结构"这个概念,是在毕业10多年后的2003年,当时我在苏州工作,刚进入IT行业不久,那段时间的工作经历,让我打开了两个"结":

一个是结果导向。

一个是结构化思考。

结果导向让我的人生开始从过程管理转向注重成效,结构化思考让我的思考和表达都更加简洁有力。

现代社会,我们所面临的,不是信息太少而是过载。人的注意力也非常有限,如何在有限时间内抓住别人的眼球,阐述我们的主张,这就要求我们的表达能够做到快、准、好。长篇大论洋洋洒洒,看似才华横溢,如果不切主题,就会让人没有深入了解的兴趣。

作为信息捕手和吸收者,我们也需要学会一眼看穿结构,快速进入陌生领域,掌握新的知识。

在方向明确、目标确立的前提下,更有益于从噪声、数据、信息中,快速提取出知识,不被万花筒般的各种信息淹没,而坚固、系统化的知识结构,如同强大的磁石,把碎片知识吸附于其中。方向和目标的重要性在于不会使知识敏感度产生严重偏离,使知识真正发挥作用。

知识碎片化的时代,我们需要培养多源头接触信息、把信息快速整合进知识框架的能力。这是一张动态之网,由诸多线索织成密密的绳结,抓起绳结则牵动知识网。知识节点会不断随着新补充的信息而刷新,而整体知识结构也跟着不断变化。

在大学里学习,参加各门课程,听取老师的讲解、练习、阅读各种书籍,都是获取知识的上佳途径,很多人也追求学习方法、读书方法,其实所谓的方法,就是结构化、归纳、整理,不断提升理解能力、概括能力,举一反三,长期训练下,可以获得学习加速度。

如果说读书是输入,那么,表达就是输出。

表达,可以说是一个现代人的基础能力,不管是在职场上还是在生活中，表达能力强的人都有更佳的竞争优势。我在高中和大学时代曾经是一个非常沉默寡言的人，毕业以后特别是进入 IT 行业以后，因为工作需要才开始刻意锻炼。我以前在清韵书院写作专栏，文风是偏华丽的，喜欢使用大量形容词，大段的铺陈描述，这种写法，对于职场来说，非常华而不实，当我掌握了结构化写作，可以说是洗尽铅华，直指本质。

虽然我掌握了结构化写作的精要，但有时候也难免遗憾，假如是在大学时代而非工作 10 多年后就学会了这些技能，该有多好，那么，我就可以更早进入结构的世界，更早获得锻炼，也会更早取得成绩。

有些人视写作为畏途，认为需要很大的毅力才能坚持，然而事实上，当你把写作视为乐趣，就不需要坚持。当我说"我从 1998 年开始真正写作"，那意味着，我已经"享受了 21 年"，而不是"坚持了 21 年。"

如果一件事需要你很费力才能坚持，那表明你并没有多么热爱，也并没有真正投入。而获得写作的乐趣，有时候就是要明白写作的关窍，比如"结构化"的写作方式，一旦进入这扇大门，就会打开一个美丽新世界。

在这本书里，详细介绍了结构化写作的方方面面，包括结构化思考的精髓，有骨有肉，有色有相。纪伯伦曾说："灵魂绽放它自己，像一朵有无数花瓣的莲花。"然而可惜，很多人并无灵魂，都像工业产品，从一个模子里磕出来，长得一样的空心人。写作其实也是让我们向内探索，构建自己的生命结构、心灵结构，打磨光华灿烂、充实丰富的灵魂。

这本书的要旨在于结构化思考、形象化表达，有方法，有工具，在大学时代就勤加练习，可以受益一生。远的不说，毕业后的求职简历，结构化写作就会派上用场。而当一个人掌握了结构化写作，这份"结构感"会延伸到其他层面。一个人的生命结构体现于其心智模式和进化速度、时间构成和产出成果、人脉构成和运用程度。结构化写作，是为这一切搭建基石。

希望这本书，也能够帮助你打开自己的"结"，从此进入结构化写作的新天地。

也祝愿读者们在这本书的帮助下，写作水平和各项能力，都能够芝麻开花节节高。

萧秋水

知识管理专家

第1版序三

"结构化写作"真的是今天大学生需要多多练习的一课。

一旦进入职场,处处都需要结构化写作,不管你做个人介绍,还是做公司推介,还是产品介绍,还是项目汇报,甚至写一个请假条,都需要结构化写作。顺便说一句,结构化写作不仅仅可用于写文章,其实做PPT也是需要这种能力的。

结构化写作和今天流行的写微信公号文章有很大的区别。

写微信公号文章强调传播性,所以很在意文章的结构悬念互动,金句情感调动,转发福利设置,网上也有很多新媒体写作训练营、文案训练营进行这方面的培训。但是这些写作技巧或方法并不适合大部分职场写作,而职场写作反而是普通人天天面对的场合,这些场合需要"结构化写作"。简单说,结构化写作追求的目标不是情感充沛,而是明白晓畅地把事情说清楚,把观点说清楚,把逻辑说清楚。

怎样说清楚?最简单的方式,就是依据一定的文章结构去表达,这些结构如果是职场人都熟悉的表达结构,那么你的表达就更加容易为其他的职场人理解,大家更容易进行水平沟通。

但遗憾的是,在高校语文教学中,更多是文学鉴赏,对职场应用文写作重视程度不足,对学生用中文清晰表达观点和事实训练不足,以致这些学生到了职场,日常工作所需文体写作多数不能达到优秀水准,公开表达不具十足说服力,影响整个职业生涯起步,真的是非常可惜。

所以西安欧亚学院尝试编写《结构化写作》教材,培养学生的职场文字表达能力,是非常务实的尝试,在写作过程中用结构化提纲引导学生有条理地表达观点,通过训练让学生掌握常用的表达框架,是非常有价值的事情。

我相信这是一本大学生非常需要的教材，也希望这本教材在实际应用中不断得到教学反馈，升级改进，越来越好，越来越适应中国大学教学的实际需要。

秋叶

秋叶PPT创始人

前 言

党的二十大强调,要"办好人民满意的教育。教育是国之大计、党之大计。培养什么样的人、怎样培养人、为谁培养人是教育的根本问题。"培养造就大批德才兼备的高素质人才,是国家和民族长远发展大计。

我们一直在探索一门课程,能够帮助学生学会高效表达与沟通,这种表达体现在书面上、口头上,从课程所肩负的使命来看,写作课程自然当仁不让。但是,需要一门什么样的写作课呢?

每个高校都会开设写作课程。综合型大学根据二级分院的性质会开设一些专业写作课程,比如新闻专业会开"新闻写作""基础写作",会计、金融类会开"经济应用文写作",实力再强一点的学校比如复旦大学会希望培养一些作家,于是有了"创意写作",或者普通高校里都会有一门基础的写作课程,叫作"应用文写作"。

但是说到底,学校的定位会决定学生总体的培养目标,而在这个体系之下的每门课程都应该围绕这个方向去进行设计。对于一所应用型的大学而言,学生需要掌握的写作能力除了应用文写作还应该包含更多。比如,他如果进入社团,应该会写策划书;他如果进入宣传部,应该希望会写出吸引人的通讯稿;他如果做了教师助理,应该会进行各类教学、行政材料的归类、撰写……除此之外,最关键的是他应该更关注显性写作之外的有关自身学习、发展的一切文字处理能力。举个简单的例子,就选课这样的事情来说,会留言与不会留言直接决定了是否能选上这门课,也与学分修读直接相关,更不用说还有创新创业大赛、校内校外实习所接触的复杂的写作场景。因此,写作课程关注的不仅是学生在校这几年所学习的基本知识,更是延续到他们未来工作、生活中所需要的写作能力。

那么问题又来了。一般来说，作为通识课程的写作课，大致都只开设一个学期，1~2个学分，在有限的时间、有限的学分限制之下怎么可能完成这样巨大的任务呢？

这就应该从写作的本质上找答案了。

从本质上说，文字是思维的外化，一切表达出来的东西都是思维的表现形式。因此，写得好与不好，关键还是看思维的能力或者说思维的优劣，掌握一种高效能的思维方式是可以帮助写作发生质的变化的。

从写作，尤其是理性写作本身来看，无论何种文体，大概都包括题目、起首、主体和结尾几部分，都会从主旨提炼、材料的选择与取舍、结构的安排、语言运用几部分去进行训练。这种结构化本身说明，如果我们的写作课程能够按照写作本身的逻辑进行思维训练，对于提升写作质量是十分可行的。而且这种训练本身并不针对写作的哪一种文体，而是针对写作背后的通用原理。掌握了这种原理，学生结合多年课堂知识、阅历以及天生的才情就可以对各种场景下的写作驾轻就熟，这就是《结构化写作——让表达快、准、好的秘密》产生的土壤和背景。

西安欧亚学院依据国际化、应用型的定位，在2016年开设"结构化写作"课程，2019年课程升级为"写作与表达"，都着力培养学生结构化思维与写作能力，以及公开表达的能力，以促进学生理性思维发展和分析问题、解决问题能力的提升，并通过演讲、辩论等方式来培养学生的自信心和领导力。因此，在课程内容上，主要依托结构化原理，通过情景写作和演讲实践来帮助学生解决写作的底层思考逻辑，并通过论文写作的呈现方式体现其对写作主题、素材、结构和论证的综合运用能力。

从一个在校生到职场人士，不过短短几年的时间，但是一种能力的塑造却是可以影响终生的。对于这本书来说，我们希望不仅是在校生在阅读，同时希望能够帮助更多的职场人士。

需要说明的是，结构化写作更适用于理性写作，偏重于逻辑清晰地进行思考，建立结构分明的间架结构，掷地有声地说出观点，并且选择合适的材料支撑和论证自己的观点，最后用合适的辞色去包装、销售自己的产品——文字作品。要达到的目的自然是干净利索地表达自己的观点，逻辑清楚地说明理由，并且有效地说服受众获得认同。由此，学生在写作课程上获得的能力其实是一种通用能力，可以迁移到学习和工作，甚至是生活的方方面面。

讲两个实际的案例。

一位男同学，我们姑且称之为小关吧。小关有一次因为特殊原因错过了选课时间没有选上体育课程，但是这门课程又是必修课，所以选课时间一过他就在系统的后台百般请求体育老师为自己加选课程。虽然语气很真挚，态度很诚恳，老师却一直没有为他加选。恰逢有一节课"结构化写作"中讲到序言的表达模式，于是他重新梳理和组织了自己的语言给老师留言。他是这样说的："亲爱的体育老师，您好。在选课时间段，我因为表姐结婚请假回家，从而错过了选课时间，导致没有选上体育课。但是，如您所知，体育课程是每一个学生的必修课程，如果不能成功选上，将会导致我不能按时毕业。我已经知道由于自己的原因造成的后果很严重，同时也给老师的工作造成了麻烦。但是念在人情难却，见证表姐之人生幸福也是我的一大幸福和责任，还请老师方便时为我在系统上添加名单。真诚感谢您。"在这段表述中，有情景、有冲突，也有引起共鸣的基础，最后提出自己的愿望。这个表述自然流畅、入情入理，所以后来体育老师顺利地为他加选了课程。小关在课堂上说自己之前不知道说了多少好话，但都抵不过这一段逻辑清楚、并无丝毫煽情的话。

那么职场人士呢？

职场上我们经常会发现这样的现象：当我们向领导汇报问题时，之前也经过了充足的准备，查找了许多材料，打了无数遍的腹稿，可是当领导听完后却仍然一脸茫然，我们甚至可以清楚地在领导脸上看见"你到底想说什么"这句话。由此，工作汇报的意图当然是没有达到，更糟糕的是，就因为这样小小的一件事，也许我们从此后会遭受更多的冷言冷语，甚至渐渐失去领导、同事的信任，以及职业发展的机会和事业上升的空间，也会使一个人的自尊心和自信心日趋磨灭。

一般的员工遇见这种事情的时候首先是腹诽，然后各种埋怨，直至可怜自己的遭遇。但是理性分析一下，老板们关心的无非是最后的结果，他们想要一个让自己省时省力同时决策权在自己的结果。如果是这样，员工为什么不能在一开始就把自己的建议说出来？当有了观点之后老板自然会对你的原因感兴趣。所以，汇报有诀窍，前提是自己得明白先说什么、后说什么。这种结构性的思路和语言组织将会成为一种重要的职场助力，不仅表现在文案撰写上，同时在职场汇报、表达沟通等方面都会起到极大的作用。

本教材的整体概念、构思和创意设计等统一由黄鑫老师指导和统筹，并根据应用型人才培养和写作课程改革内、外部环境的改变持续提出改进建议；序言、前言、第二章、第四章和附录部分由卢卓元老师编写，约8.5万字；第一章由相金妮老师编写，约1万字；第三章由张晓艳老师编写，约4万字；第五章由颜珺老师编写，约3.2万字；第六章主要由招弘瑶老师编写，约2.2万字，武君蔚老师参与编写。

最后，关于这本书的性质。你可以把它看成一本教材，因为它的确是为在校生所准备的一份"礼物"。但是，它又不是一本严格意义上的教材。里面有编者们精心分享的一些小故事、一些感动人心的有关写作的名言，还有为文字精心匹配的图表。你可以把它当作一个良师，因为它确实在指引着我们改变思维方式，提高表达水平。同样，你可以把它当作一个益友，遇到困难时从中寻找灵感和方向。你也可以把它放在案头，经常翻一翻，助力自己的学习能力和职业能力。

愿你们喜欢。

致 谢

这本教材已经是第二版了,首先要感谢西安欧亚学院开放的办学及教学氛围。正是因为欧亚学院一直提倡"和而不同"的理念,使得《结构化写作——让表达快、准、好的秘密》有了它产生的土壤,并且在"质量!质量!质量!"战略思想的推进下,使教材有了不断拓新的可能。

其次,要感谢西安欧亚学院各位领导的支持。感谢校长助理王艳,通识教育学院副院长黄鑫,院长助理潘珊珊、段永刚为课程组提供的各类资讯和培训机会,正是因为他们对写作课程改革的不懈追求和热情关注,才有了"结构化写作"(后迭代为"写作与表达")课程的诞生,同时也感谢他们对本教材编写以来所给予的各种建议和支持。

再次,要感谢课程组的成员卢卓元、颜珺、相金妮、张晓艳、招弘瑶和武君蔚老师,是她们关注教学改革,及时总结教学经验,并经过研讨、修改,最终顺利出版教材第一版和第二版。

感谢陆亚明、秋叶和萧秋水三位专家、顾问,感谢他们认可这本教材并撰写序言推荐。

感谢为本书所付出努力的各位编辑们。

感谢你们!

目 录

第一章　根——像搭积木一样构建你的思维与写作………1
- 第一节　让结构化进入你的思维世界……………………3
- 第二节　透过结构看写作与表达……………………………13
- 第三节　轮到你了……………………………………………27

第二章　魂——像打靶一样瞄准你的主旨……………31
- 第一节　认准"统帅"，服从安排……………………………33
- 第二节　找目标，定主题，巧裁新衣披上去………………39
- 第三节　掷地有声的TOPS法…………………………………47
- 第四节　瞄准靶心的5 why分析法……………………………55
- 第五节　当我们谈论文写作时都在谈什么——主题篇……61
- 第六节　轮到你了……………………………………………80

第三章　骨——像盖房子一样搭建你的文章结构………83
- 第一节　立骨的艺术…………………………………………85
- 第二节　SCQA——让你讲一个好故事………………………90
- 第三节　行文的横向脉络——逻辑递进……………………96
- 第四节　行文的纵向谱系——以上统下……………………103
- 第五节　当我们谈论文写作时都在谈什么——结构篇……109
- 第六节　轮到你了……………………………………………121

第四章　肉——像剪裁大师一样剪裁你的素材…………125
- 第一节　为文需时时留心步步留意——素材的收集………127

第二节　用头脑风暴打开灵感泉源——素材的开拓…………132
　　第三节　用思维导图来建造大脑图书馆——素材的整理与创新……138
　　第四节　削尽冗繁留清瘦——素材的编辑……………………145
　　第五节　当我们谈论文写作时都在谈什么——文献篇………153
　　第六节　轮到你了………………………………………………163

第五章　色——像微雕大师一样雕琢你的语言………………**167**
　　第一节　落霞与孤鹜齐飞——文字的表达张力…………………169
　　第二节　删繁就简三秋树——语言的准确度……………………176
　　第三节　一言之辩重于九鼎之宝——语言的说服力……………189
　　第四节　轮到你了………………………………………………200

第六章　你想要的都在这里——写作的奇妙世界……………**203**
　　第一节　写好介绍，加深印象不用愁……………………………205
　　第二节　御前秘书，从写好报告开始……………………………208
　　第三节　坚持记录，做生活的热爱者……………………………213
　　第四节　一封邮件，人与人高下立判……………………………219

附录　能够帮助你提高写作能力的写作类书籍………………**221**

参考文献………………………………………………………………**235**

第一章

根——像搭积木一样构建你的思维与写作

　　思想家帮助人们进行思维，因为他们给别人定下了思维的方式。没有哪一个人能闭门独自写作或思维——思维是无形的，但是为了创造出有形的具有时代气息的东西，就有必要将思想表达出来。

——哈伯德（美国幽默家）

第一节
让结构化进入你的思维世界

> 春秋战国时期，我国有一位发明家叫鲁班。两千多年来，他的名字和有关他的故事一直流传，后世工匠都尊他为祖师。
>
> 鲁班大约生于公元前507年，本名公输般，因为"班"与"般"同音，而且他是春秋战国时期鲁国人，所以人们称之为鲁班。他主要从事木工工作。那时人们要使树木成为既平又光滑的木板，还没有什么好办法。鲁班在实践中留心观察，模仿生物形态，发明了许多木工工具，如锯子、刨子等。鲁班是怎样发明锯子的呢？
>
> 相传他有一次进深山伐木时，一不小心，脚下一滑，手被一种野草的叶子划破了，渗出血来。他摘下叶片轻轻一摸，原来叶子两边长着锋利的齿，他用这些密密的小齿在手背上轻轻一划，居然割开了一道口子。他还看到在一棵野草上有只大蝗虫，两个大板牙上也排列着许多小齿，所以能很快地磨碎叶片。鲁班就从这两件事上得到了启发。他想，要是有这样齿状的工具，不就可以很快地锯断树木了吗！于是，他经过多次试验，终于发明了锋利的齿状工具，大大提高了工效。鲁班给这种新发明的工具起了一个名字，叫作"锯"。

以上是一则鲁班发明锯子的故事，也是一则自然界结构在生活中得到应用的故事。从这则故事中就可以看出结构的魅力所在，但是结构的魅力绝不仅仅局限于此。

一、结构的魅力

（一）什么是结构

道家云："道生一，一生二，二生三，三生万物。"这其实说的就是一种规律和结构，而结构可以说是万物之本。大到宇宙星系，小到颗粒尘埃，无论是高楼大厦、动物与植物、机器与网络、思想与观念、人与社会，任何事物都有其特定的结构，这些事物也是通过其特定的结构来体现其存在的价值和意义。

那什么是结构呢？王琳、朱文浩在《结构性思维》一书中认为，对于"结构"一词，其实并不需要进行过多解释，因为这个词对大家来说并不陌生。在学生时代，我们就接触过各种各样的结构，如地理学科中的地质结构，生物学科中人体骨骼的结构，政治学科中关于社会的结构，还有化学学科和物理学科中的物质结构、分子结构、原子结构等。

所以，"结构"可以定义为：事物的各个组成部分之间的有序搭配或排列。实际上，"结构"所关注的就是整体与部分的关系。

（二）结构无处不在

因为世界上万事万物都是由部分组成的整体，都离不开部分和整体这两个概念，所以可以说世界上的万事万物都有其自身的结构，包括物质的、非物质的。自然界中有很多美妙的结构，如蜂巢、树枝、雪花，以及我们居住的房屋（如图1-1所示）。

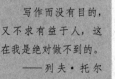

图1-1 蜂巢、树枝、雪花、房屋结构示意图

> 写作而没有目的，又不求有益于人，这在我是绝对做不到的。
> ——列夫·托尔斯泰，俄国作家

这些结构并不是偶然形成的。蜂巢的结构坚固，节省材料，通风透气；树枝的发散性结构为树叶的生长提供尽可能大的空间；雪花是由空中的尘埃引起水分子层层凝结而成的，形状及结构各不相同，是大自然美丽的杰作；而人类居住的房屋结构更是历经了上千万年的发展演变而来，为人类的庇护发挥着重要的作用。

大自然中形形色色的结构也给我们带来了无限的遐想空间和创造灵感。在日常生活中，存在大量受到自然界中经典结构启发而创造的新事物，这些事物是美妙结构的延伸。诸如人们巧妙地利用了蜂巢的结构原理，将其应用在了产品设计、家居设计、建筑设计等领域。我们熟悉的国家体育场"鸟巢"和国家游泳中心"水立方"也是特别典型的代表（如图 1-2 所示）。

图 1-2　鸟巢和水立方夜景图

对于鸟巢，通过其名字就可以知道它的灵感从何而来了；而对于水立方，从图 1-2 中可以看出其特别像蜂巢。

除了建筑方面的应用，自古以来，自然界的各种结构一直是人类各种技术思想、工程原理及重大发明的源泉。鱼儿在水中有自由来去的本领，人们就模仿鱼类的形体造船，以木桨仿鳍。相传早在大禹时期，劳动人民根据对鱼在水中通过摇摆尾巴而游动、转弯的观察和模仿，在船上架置了橹和舵，从而增加了船的动力，掌握了使船转弯的方法。

结构除了在自然界中随处可见外，在社会领域中也无处不在。小到家庭，老人、孩子，有结构；中到企业，领导、员工，有结构；大到社会，顶层、基层，有结构。党的二十大强调，"万事万物是相互联系、相互依存的。只有用普遍联系的、全面系统的、发展变化的观点观察事物，才能把握事物发展规律。

二、结构化思维

（一）思维也有结构

在物质世界，人们通过结构来认识物质。结构构成了世界，人们也是不断地通过对事物结构的认识来加深对事物的了解和体验。在思维世界，人们也同样通过结构来认识事物，认识其中的规律和美。举个例子，俗话说"外行看热闹，内行看门道"，内行与外行的差别就在于是否具备这个行业的思维结构。比如，你听音乐可能就听个好听还是不好听，但专业人士就会听出和声、旋律、节奏、音长和音强等。因为音乐本身就是通过声音长短强弱有规律的不同组合形成节奏，节奏也是音乐的基础结构，节奏再加上音高的不同组合就形成了旋律，旋律再加上音质的不同组合又形成和声。这些要素层层构成了整个音乐的结构，所以专业人士听音乐，听的不仅是好听不好听，更可以品味出其中无限的美感。

（二）什么是结构化思维

通常，在对一件事物进行全面了解的时候，会从是什么（what）、为什么（why）、怎么样（how）这三个方面来展开，俗称2W1H，这是一种结构；从why（为什么？为什么要这么做？）、what（是什么？做什么工作？）、where（何处？在哪里做？从哪里入手？）、when（何时？多久能完成？什么时间做？）、who（谁？由谁来承担？谁来完成？谁负责？）、how（怎样做？如何提高效率？如何实施？方法怎样？）、how much（多少？做到什么程度？数量如何？质量怎样？）这五个方面来展开，俗称5W2H，这也是一种结构。

再者，任何故事和剧本的结构都具备开头、中间和结尾。这是自人类围篝火讲故事或者在石壁上创作洞穴壁画时就采用的结构：搜寻猎物（开头）、对抗猎物（中间）、打败猎物（结尾）。这种三幕式结构是大多数影片所遵循的最基本、最纯粹的结构,有开端、有冲突、有解决方案。而四幕式结构、五幕式结构、电视剧采用的七幕式结构,以及其他许多结构都只是对三幕式结构的补充。

此外,秋叶(张志)在《轻松学会独立思考》一书中曾经提过这样一个案例:

小芳是一名大四的学生,她看到同学们都纷纷开始准备实习或者考研,陷入了思考:"考研?就业?我也必须行动起来。但是我该考研还是该就业呢?我不太想读研究生,这样我是不是也要找个单位实习一下,那样我就要花很多时间去准备简历了。要不我问一下别人的意见……哎,我不考研真的好吗?"

这样的场景是不是很熟悉,对一个问题瞻前顾后,想了很多理由,也想了很久,却依然没有想出答案,核心的问题就在于没有"思考结构"就会被越来越多的信息或事实所包围和困扰,难以决策和行动。关于要不要实习,秋叶在书中给出了这样一个"思考结构"(如图1-3所示)。

我的优势(strength)	我的劣势(weakness)
有能力完成大四学业 性格外向愿意接触社会	缺乏实习工作需要的职场能力 没有实习工作的经验
我的机会(opportunity)	我的威胁(threats)
大四有大量空余时间 有大量企业提供实习机会	找到的实习单位和就业方向可能不匹配 实习可能占据大量时间,耽误自己的考研复习计划

图1-3 SWOT分析图

这个"思考结构"叫SWOT分析,有了这个结构小芳就更容易做出决定。可见结构化思维可以让我们在思考时变得更有条理,从而可以快速分析问题、解决问题,并得出结论。

还有,作文课上,老师教给学生作文五步法,最终给出了审题、立意、选材、结构、语言的总结结构图(如图1-4所示),

> 为了写得好,必须充分地掌握题材,必须对题材有足够的思索,以便清楚地看出思想的层次,把思想构成一个联贯体,一个连续不断的链条。
> ——布封,法国博物学家、作家

这种结构图则是思维导图。思维导图是通过树状的结构来呈现一个思维过程，将放射性思考（radiant thinking）具体化的过程，主要是借助可视化手段促进灵感的产生和创造性思维的形成。

最后，芭芭拉·明托的《金字塔原理》一书中的金字塔结构更值得我们一提（如图1-5所示）。《金字塔原理》旨在阐述写作过程中的组织原理，提倡按照读者的阅读习惯改善写作效果。因为主要思想总是从次要思想中概括出来的，文章中所有思想的理想组织结构就必定是一个金字塔结构——由一个总的思想统领多组思想。在这种金字塔结构中，思想之间的联系方式分成了纵向和横向两种结构。纵向结构上，每一组的观点都必须是其下一个层次观点的概括；横向结构上，每组各个观点互不重叠且有一定的逻辑顺序。这就构成了一个严谨的结构。通过这样的方式，人们在思考时，就可以在大量复杂的信息中，用最短的时间明确方向、锁定所需要的信息。人们在沟通问题的时候，就可以让听众迅速抓住自己要表达的主旨，帮助听众沿着自己的思路去理解内容，提高沟通的效率和效果。

写作的人像画家不应该停止画笔一样，也是不应该停止笔头的。随便他写什么，必须每天写，要紧的是叫手学会完全服从思想。

——果戈里，俄国作家

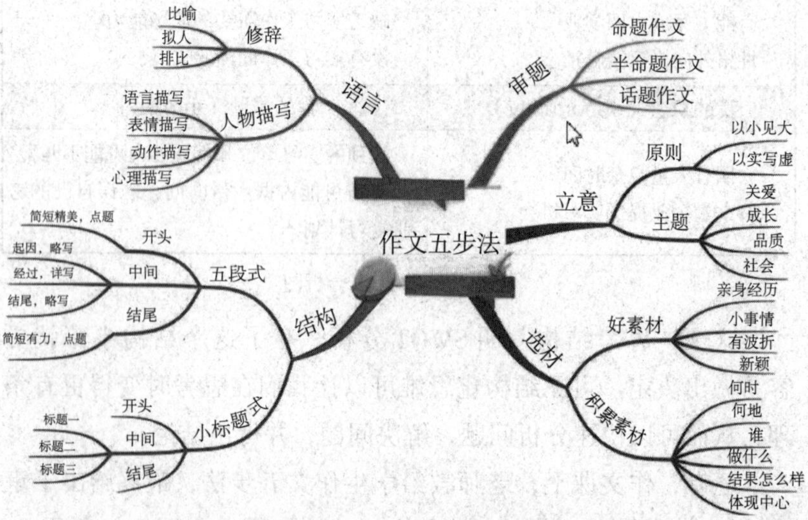

图1-4 作文五步法思维导图

第一章　根——像搭积木一样构建你的思维与写作

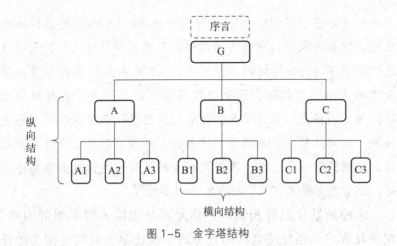

图 1-5　金字塔结构

凡此种种，诸如鱼骨图、决策树等都有其一定的逻辑结构，并且结构存在于每个整体与局部关系的无穷变化中，每个局部表现整体，而局部的意义又由整体来决定。因此，所谓结构化思维，是指人们在认识事物的过程中，从逻辑结构的角度出发，利用整体和部分的关系，有序地思考，从而更清晰地表达，更有效地解决问题的思维方式。

（三）为什么需要结构化思维

在工作、生活和学习中，你是否碰到过下面三种情况：遇到事情想不明白，与人谈话或写文章时说不清楚，学习新知识或新技能时掌握得慢？

1. 分析时想不明白

场景：王小雅的"大"事干砸了

王小雅离开学校进入公司也有半年了，领导尽给她安排端茶、倒水、打印的"小"事儿。王小雅十分郁闷，天天盼着领导给自己安排"大"事儿，也不枉 16 年的寒窗苦读。盼星星、盼月亮，终于领导通知要布置"大"任务了，王小雅兴奋地走进了领导办公室。领导正在打电话，看起来很忙。看到王小雅来了，领导用手掌盖住话筒，转过身对王小雅说："小雅，公司缺一个书柜，你去采购下。有什么问题吗？"看到领导这么忙，王小雅连忙点头答应说："好的，没问题。"转身离开领导办公室，着手准备去采购书柜时，王小雅傻眼了。应该买个什么材质的书柜？多宽、多高、多少层呢？什么时候要呢？多少钱？可以网上采购，还是只能去家具城买？这些细节问题当时都没想起来跟领导沟通啊！领导那么忙，现在再过去问又怕领导说这点事都办不好，以后怎么做更"大"的事？小雅纠结了！

这种场景你似曾相识吗？你是不是也陷入过类似的困境，在接收客户、领导或老师的任务时，没能第一时间全面考虑任务的原因、背景、内容、地点、时限要求、团队人员以及任务的预算？

2. 表达时说不清楚

场景：文涛涛的面试

文涛涛参加一个面试。

"先做个自我介绍吧。"HR说道。

"好的，我很喜欢打篮球……我也很喜欢下棋……"文涛涛口若悬河。

"你想找什么工作？能说说之前的工作经历吗？"HR引导道。

"我两年前在B公司工作……我刚毕业的时候在A公司工作……我上家公司是C公司……哦，对了，我三年前还在D公司工作过……"

HR努力想跟上文涛涛的思路，但感觉像在坐时光穿梭机，不知道下一站是哪里。

面试结束后，文涛涛感觉自己很健谈，却没有接到这家公司的录用通知。

如果你是HR，你会录用文涛涛吗？是文涛涛太健谈了吗？你有没有过在回答别人的问题时长篇大论，别人却听得懵懵懂懂？问题出在哪里？给你有限的时间，你怎么在这有限的时间内表达得言简意赅？

3.学习时学得不快速

场景：刘克勤的白用功

刘克勤是个用功的孩子，天天挑灯夜战，但是考试成绩在班上排名总是不理想。每次考试前，老师问刘克勤复习得怎么样了，刘克勤不知道如何回答。看了好几遍书，也做了很多题，可是到了考试，刘克勤总感觉很多题目是新的。只是几百页的书，而自己觉得其中的内容却是无穷无尽的，考试的时候只能碰运气。有的同学平时也不比自己用功，考试分数却比自己高很多。

不知道你的成绩怎么样，诸如刘克勤的这种无奈你是否也感同身受呢？如果这种场景你也经常遇到，是你比别人笨，还是有其他的原因？

上面的典型场景，有些你可能碰到过，有些可能没碰到过，不过这不是关键，关键是你能通过这三类典型场景意识到结构化思维不足的危害：想不明白、说不清楚、学不快速。

究其原因是他们在传递信息时都没有构建一个系统的结构。如果没有结构，我们的思维就很容易从一点飘到另一点，总也无法得出一个有效结论。没有结构，事情就会变得非常复杂，让人瞻前顾后、犹豫不决。没有结构，问题就会像洪水一样试图一股脑儿地冲进你的脑海中，让你难以把握问题的关键。

然而，结构化思维正好可以帮助人们构建一个结构，在表达核心观点的基础上，有理有据、条理分明地证明这个观点，使我们能够做到清晰思考和有力表达。

《结构思考力》一书认为结构化思维作为一种解决问题的思维工具，它所适用的范围不仅仅局限于解决职场中的问题，这种思维同样是高校学生急需提升的核心能力（见表1-1），在人们思考、学习、写作、表达等方面都起着非常重要的作用，能帮助高校学生成为适应未来需求的善思、善学、善写、善沟通的优秀人才。

表1-1 是否具备结构化思维的差别

类别	具备结构化思维	不具备结构化思维
思考	迅速抓住主要矛盾，忙而不乱应付任何问题	瞻前顾后，难以割舍，犹豫不决
学习	快速搭建知识架构，学习系统而全面	知识零散不成体系，不会学以致用
写作	主题明确，结构严谨，层次清晰	找不到重点，结构混乱，大量文字堆砌
沟通表达	语言准确，思路清晰，能快速总结说话要点	很难把想要表达的思想在短时间内表达清楚

●●● 本节小结 ●●●

本节以导入性的内容为主，主要阐述了以下几点：

1. 万事万物都是有结构的，结构是事物的各个组成部分之间的有序搭配或排列，所关注的就是整体与部分的关系。

2. 思维也是有结构的，结构化思维是指人们在认识事物的过程中，从逻辑结构的角度出发，利用整体和部分的关系，有序地思考，从而更清晰地表达，更有效地解决问题的思维方式。

3. 结构化思维作为一种解决问题的思维工具，可以帮助人们构建一个框架，在表达核心观点的基础上，有理有据、条理分明地证明这个观点，使我们能够做到清晰思考和有力表达。

第二节
透过结构看写作与表达

艾米向学生会会长写了一段面试结果的文字："今天面试的学生A君，有一定逻辑思维能力，也比较有上进心。有相关的实践经验，但深度不够，而且笔试题做得不是很好。专业知识可能不足，但面试看得出学习能力还可以。不过基本的岗位技能还是具备的。他对学生会比较了解，对学校理念也比较认同。"

会长看后一头雾水，不知道艾米的表达目的是什么。而和艾米一起参加面试且担任面试官的李乐看了这段文字，很快做了修改：

"今天面试的学生A君，综合考虑建议入选，理由有三：

1. 具备较好的学习能力与逻辑思维能力，且对学校理念认可，有上进心。

2. 缺点在于经验及专业知识稍有不足。

3. 结合学生会提出的需求，虽不能完全达到岗位要求，但依据学生会现状，可进行长期培养使用。"

会长看后豁然开朗，连连称赞李乐表述目的明确、思路清晰、表达准确。

> 不想就不能写，不写就很难想得明确周全。
> ——朱光潜，美学家

通过艾米与李乐的一段文字表达比较，孰优孰劣一目了然，能力高低也自见分晓。李乐修改后的文字能得到会长的赞赏是因为她的文字表达背后有一个隐性的逻辑结构，或者说她是运用了结构化的写作与表达思维。

一、结构化写作

（一）写作也有结构

大家都听过杨修和曹操之间的故事吧？其中有这样两个著名的故事。

一个是关于"一合酥"的故事。塞北进贡给曹操一盒酥，曹操在盒上写了"一合酥"三个字放在案头。杨修见了，竟然取勺子和大家将酥吃完了。曹操问其原因，杨修回答道："盒上写明'一人一口酥'，丞相之命怎敢违反？"

还有一次，曹操建了一座花园。建成时，曹操前去观看，没有夸奖和批评，就叫人取了一支笔在花园门上写了一个"活"字便走了。大家都不了解其中的含义。杨修对工匠们说："'门'添'活'字，就是'阔'字，丞相嫌你们把花园门建得太大了。"于是工匠们重新建造园门，完工后再请曹操去观看，曹操很喜欢。

文字、语言有结构，写作亦不例外。

陈君华的《写作高分应试教程》中有这样一个案例：

我们中小学都要考作文，其他许多考试，如公务员、TOEFL、雅思、MBA等也还要考作文。为什么作文成为如此普遍的一种考试形式？也即，为什么要考作文？请写200字左右的一个段落来回答这个问题。

下面是参考范文：

为什么要考作文？因为作文考试最能全面准确地测试出考生的综合素养。比如，一个人的知识水平、阅读积累、思想底蕴、精神境界、思维水平、表达能力等都可以通过作文测试出来，甚至还可以看得出他的道德观、人生观和世界观。总之，正如古人所说的"文如其人，人如其文"，一篇文章最能反映一个人。相反，别的数学、物理、英语等任何单科的测试，都难以达到这样"知其人"的效果。所以，古代的科举考试，一篇文章定终身是相当有道理的。

这段参考范文有什么写作技巧值得人们学习？它背后有什么样的写作结构呢？

其实，仔细推敲这段文字，其背后运用了"总分总+正反合"的写作结构。

用结构框架来表示，上述范文的写作结构见表1-2。

表1-2　范文的写作结构

引述	为什么要考作文		
论证	正面论证	总论	因为作文考试最能全面准确地测试出考生的综合素养
		分论	比如，一个人的知识水平、阅读积累、思想底蕴、精神境界、思维水平、表达能力等都可以通过作文测试出来，甚至还可以看得出他的道德观、人生观和世界观
		总论	总之，正如古人所说的"文如其人，人如其文"，一篇文章最能反映一个人的整体面貌
	反面论证		相反，别的数学、物理、英语等任何单科的测试，都难以达到这样"知其人"的效果
	合		所以，古代的科举考试，一篇文章定终身是相当有道理的

可见，写作结构是文章的整体框架、内部构成及逻辑顺序，它能够将人们的隐性思维显性化。朱光潜说："不想就不能写，不写就很难想得明确周全。"所以，只有具备结构化的思维能力，才能进行结构化的沟通与表达。

一般情况下，文章包含纵向结构和横向结构。纵向结构包括"总—分—总""总—分"或"分—总"等形式。在"总—分—

总"这种纵向结构中,文章一开始就提出主题,确立全文论述的中心,接着对主题进行详细阐述,最后再一次回归主题,前后照应。与纵向结构相比,文章的横向结构更为复杂。横向结构一般被称作"层次",又叫"逻辑段""结构段"或"部分",表现了文章内容的编排次序。它常由若干自然段组成,是作者在文章中进行思路展开的步骤,是事物发展的阶段性、客观矛盾的各个侧面、人们认识和表达问题的思考进程在文章中的具体反映。一般来说,结构在文章中是隐蔽的,读者从外在形式上看不到任何标志,但可以通过对文章内容的准确理解而发现它。

(二)什么是结构化写作

既然"结构"是各个组成部分之间的搭配和排列,所关注的是整体与部分的关系。那么,一篇文章同样具有结构的属性,即文章的各个部分(要素)之间的互相搭配和组合。还可以形象地将文章的结构理解为"骨架",外在表现形式是结构,背后反映的其实是作者行文或对问题进行分析思考的逻辑思路。

文章若具备了好的结构,呈现出来的面貌是框架清晰、逻辑严谨、主题突出、观点明确。反之,文章若缺乏好的结构,表现出来的面貌则是思路散乱、主题不明、观点模糊、毫无逻辑。

那到底什么是结构化写作呢?根据前面结构化思维的定义,可以为结构化写作这样下定义:结构化写作是人们在处理问题或者进行写作的过程中,从逻辑思维结构的角度出发,利用整体和部分的关系,采用系统化的方法和步骤,有序地思考,从而更有效地进行沟通与表达。学习、生活、工作中的沟通与表达,尤为重要的不是优美华丽的辞藻,而是准确高效的书面表达,能让对方一目了然地看清行文结构,看出你想要表达的核心思想。很多时候,人们手中不是缺少素材,而是面对海量的素材却不知如何将它们有效地组织起来。结构化写作就是一把帮助大家提炼与组

> 欲要看究竟,处处细留心。
> ——宋帆

织素材的利器。它可以帮助高校学生或者职场人士快速梳理写作思路，构建行文框架，有效地组织信息以及素材，最终形成主题鲜明、条理清晰、重点突出、层次分明、逻辑严密的文章，如总结、公文、报告、方案或邮件等。

结构化写作更适用于理性写作或者逻辑性写作，虽然在形式上是在讲写作的方法和技巧，但底层逻辑依然是帮助人们对自己原有的思考结构进行反思，并能够构建结构化的思维模式，进而通过结构化的方式进行思考和表达。所以说，结构化写作与表达首先要把关于主题或者论点的思路理清楚，然后才有可能在写作和表达的时候做到逻辑清晰、语句通畅。

例如，阅读下面一段文字，分析其论证中存在的缺陷和漏洞，对该论证的有效性进行分析和评论（如概念，特别是核心概念的界定和使用是否准确并前后一致，有无各种明显的逻辑错误，论证的论据是否成立并支持结论，结论成立的条件是否充分，等等）。

一个国家的文化在国际上的影响力是该国软实力的重要组成部分。由于软实力是评判一个国家国际地位的要素之一，所以如何增强软实力就成了各国政府高度关注的重大问题。

其实，这一问题不难解决。既然一个国家的文化在国际上的影响力是该国软实力的重要组成部分，那么，要增强软实力，只需搞好本国的文化建设并向世人展示就可以了。

文化有两个特性，一个是普同性，一个是特异性。所谓普同性，是指不同背景的文化具有相似的伦理道德和价值观念，如东方文化和西方文化都肯定善行，否定恶行；所谓特异性，是指不同背景的文化具有不同的思想意识和行为方式，如西方文化崇尚个人价值，东方文化固守集体意识。正因为文化具有普同性，所以一国文化就一定会被他国所接受；正因为文化具有特异性，所以一国文化就一定会被他国所关注。无论是被接受还是关注，都

写作的艺术，不在于知道写什么，而在于知道不该写什么。
——列夫·托尔斯泰，俄国作家

体现了该国文化影响力的扩大,也即表明了该国软实力的增强。

文艺作品当然也具有文化的本质属性。一篇小说、一出歌剧、一部电影等,虽然一般以故事情节、人物形象、语言特色等艺术要素取胜,但在这些作品中,也往往肯定了一种生活方式,宣扬了一种价值观念。只要创作更多的具有本国文化特色的文艺作品,那么文化影响力的扩大就是毫无疑义的。由此可见,只要创作更多的具有本国文化特色的文艺作品,那么文化影响力的扩大就是毫无疑义的,而国家的软实力也必将同步增强。

要对本段文字进行有效性论证分析,首先应该画出推理逻辑结构图(如图1-6所示),根据推理结构图,我们可以得出其结论为:增强软实力只需搞好本国的文化建设并向世人展示就可以。但沿着结构图的思路就会发现其结论存在以下的若干漏洞:

第一,"既然一个国家的文化在国际上的影响力是该国软实力的重要组成部分,那么,要增强软实力,只需搞好本国的文化建设并向世人展示就可以了。"这一说法过于绝对,国家软实力实际上包括国家的凝聚力、文化被普遍认同的程度和参与国际机构的程度等三部分内容,因此,不能绝对地说增强软实力,只需搞好文化建设,而忽视其他两方面的建设。另外,实际有种可能是,即便文化建设加强了,软实力不一定就真的也加强了。

另外,文中说:"只要创作更多的具有本国文化特色的文艺作品,那么文化影响力的扩大就是毫无疑义的。"此处也是过于绝对。事实上存在一种情况是,很多具有一国文化特色的艺术作品被其他国家的人们喜爱和接受,但是,该国的文化却并没有为其他国家的人们所熟知。

第二,"正因为文化具有普同性,所以一国文化就一定会被他国所接受;正因为文化具有特异性,所以一国文化就一定会被他国所关注。"这里存在着因果不当。虽然文字中阐述的原因是结果的原因之一,但不是主因,相较于文中给出的文化具有的普同性和特异性的原因，文化对他国人的吸引程度，以及他国人对文化的兴趣程度更是得出"一国文化被他国接受或关注"这一结论的原因。

第三，一国文化"无论是被接受还是关注，都体现了该国文化影响力的扩大，也即表明了该国软实力的增强"，此处是主观臆断了。一国文化被接受或关注，到底是不是真的体现了该国文化影响力和软实力的增强，文中并没有具体的事实阐述，我们不得而知。

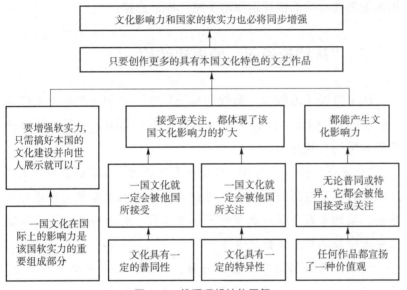

图 1-6　推理逻辑结构图解

因此，在具体实践中，无论是分析问题还是沟通、表达，大家首先要建立起"先框架后细节，先整体再局部，先重要再次要，先结果再原因"的结构化思维模式。在动手写作之前，先确定文章的主旨或者结论，梳理论证要点，对文章的谋篇布局进行构思，在大脑中搭建起清晰合理的结构，理顺思路，最后才是组织语言完成写作。

相信很多人也经常听到身边的人（同学或者同事）关于写作的抱怨，他们说得最多的无非就是"完全没有头绪""一点思路都没有""不知从哪里入手"。没头绪、没思路、无法入手主要有三个原因：一是本身就没有把问题想清楚，因此写不出来；二是自己想清楚了，但不知道如何清晰地表达出来，让别人也清楚；三是自身大脑输入不够导致无法输出。如果再进一步分析，更深层的原因则是因为对原有素材或者已有信息缺少有效的思考框架。而结构化写作与表达恰恰提供的是一些逻辑性、可操作性都很强的思考与逻辑框架，在这些框架的指引下，相信高校学生或者职场人士都能有效而快速地厘清头绪、梳理思路。

二、"从结论说起"的表达结构

从王世民《思维力：高效的系统思维》中的一个例子来理解"结论先行"的表达结构吧。以下是《非你莫属》节目中的面试者陈运腾的自我介绍。

"大家好，我叫陈运腾。我是一个知识面广、思维活跃的人。

我的学习经历分为两段。我目前是北京工业大学一名研三的学生，读的是经管学院的管理科学与工程。我本科毕业于哈尔滨工业大学数学与应用数学专业。

我个人喜欢阅读各方面的书籍，其中在三个方面尤为擅长：第一是历史方面的；第二是天文方面的，包括宇宙大爆炸等；第三是写诗。

我今天应聘的是咨询类、管理类和市场类的岗位。选择这三类岗位的主要原因有三点：①这三个岗位我觉得比较擅长；②我喜欢给别人提一些建议；③我的思维比较具有创新性，能够采用逆向思维的方式解决别人眼中困难的问题。"

以上这段自我介绍呈现出一个清晰的金字塔结构（如图1-7所示）。

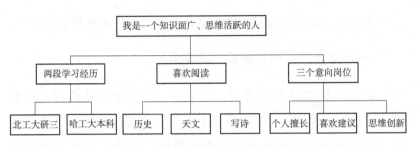

图 1-7 自我介绍的金字塔结构

表达的时候，最顶层观点先行，即"我是一个知识面广、思维活跃的人"，给受众一个统领性的自我评价。

接下来的表达按照自左向右、自上而下的顺序逐次对"我是一个知识面广、思维活跃的人"从三个方面即学习经历、喜欢阅读、意向岗位一一进行说明。

首先从最左边的学习经历说起，给出明确的要点"我的学习经历分为两段"。再按照自上而下的顺序，分别介绍了自己读硕士的院校和专业，及读本科的院校和专业。通过介绍硕士的管理科学与工程专业、本科的数学与应用数学专业，给听众留下多专业交叉背景的印象，从而解释"知识面广、思维活跃"的要点。

然后介绍金字塔第二层中间的个人爱好部分，以"个人喜欢阅读各方面的书籍"为明确论点，进一步支撑"知识面广、思维活跃"的顶层要点。并进一步向金字塔下一层展开，介绍了对历史、天文和写诗三个方面尤为擅长，强化了知识面广、文理结合、均衡发展的个人特点。

最后介绍金字塔第二层最右边的求职意向部分，依然明确地抛出"我今天应聘的是咨询类、管理类和市场类的岗位"的论点，同时按照自上而下的顺序展开金字塔的第三层，说明选择这几类岗位的三个主要原因：一是个人觉得擅长；二是个人喜欢给别人提建议；三是具有思维创新能力，善于解决难题。

要想工于运笔，就得勤于练习。

——爱比克泰德，古罗马哲学家

写作的技巧，其实并不是写作的技巧，而是……删掉写得不好的地方的技巧。

——契诃夫，俄国作家

像这样，从结论说起，是不是观点更明确、表达更清晰了？

（一）适合"从结论说起"的场合

如上所述，"从结论说起"的表达呈现为金字塔结构，在表达时"从结论说起"，并按照自上而下、从左往右的顺序进行说明，会让你的表达——无论是书面表达，还是口头表达更为明确，从而更有利于受众（读者或者听众）接收你的观点。但"从结论说起"是否适用于所有的场合呢？答案显然是否定的。

"从结论说起"开门见山，让读者和听众能够在第一时间接收到你要表达的核心内容。这种表达方式特别适用于以下两种情况：

第一，信息复杂，以突出结果为主要目的，包括毕业论文、总结、公文、邮件写作，项目成果的汇报，月度、年度工作汇报等。

第二，时间紧迫，需要在极短的时间内用一句话说清楚一个观点、一件事情。

信息复杂且以突出结果为主要目的场合一般都是为了向受众传递一个明确的观点，并说明这个观点是如何推出的。采用"从结论说起"的表达形式符合人们接收信息的习惯，也使你的观点易于被理解和接受。

在时间紧迫或时长受限制、你或受众没有足够的时间这类情况下，"从结论说起"也是一种非常高效的表达形式，便于你在极短的时间内将自己的思想归纳为一句话以作为表达的主要观点，避免了我们先铺垫后结论的习惯，直接抛出结论，从而提高沟通效率。

现在给大家看一个例子：假如你是年级团委书记，团委决定下午3点召开会议，但早上你收到了秘书的邮件：

"团委书记您好！A 同学说他临时有课，3 点钟无法参加会议了。B 同学说他晚一点开会没关系，明天再开也可以，但 10 点 30 分之前不行。可是会议室明天已经被别人预订了，但星期四是空着的。团委副书记说他明天需要很晚才能从实训基地阎良赶回来。我建议把会议的时间定在星期四的 11 点，您看行吗？"

你看完之后有什么感受？没错，一个字"乱"。你可能会想：这个秘书该换了。但是，今天你心情比较好，希望点拨一下这位秘书，告诉她这份邮件不能这么写。如果给你 3 分钟的时间，把上述现有的内容表述清晰、信息相对完整、语言符合沟通语境，你觉得邮件中最主要的语句到底该如何表达才不乱呢？

参考答案：

我们可以将今天下午 3 点的会议改在星期四上午 11 点开吗？因为团委副书记、A 同学和 B 同学都可以参加，并且本周四会议室还能预订。

或者还可以这样概括：

我们可以将今天下午 3 点的会议改在星期四上午 11 点开吗？因为参会人员都可以参加，并且本周四会议室还能预订。

这两段话的表达结构都是先说结果再说原因，并且对原因还进行了分类，即人和会议室两类原因，甚至对人的归类按照职务顺序还进行了排列。这种以突出结果为主要目的的表达方式，目的明确、逻辑清晰、表述清楚，效果可见一斑。

（二）慎用"从结论说起"的场合

结论先行、明确目标、表明观点是结构化写作的核心所在，也是高效沟通、有力表达的关键因素。虽然"从结论说起"的表达结构是一种高效的表达方式，但这并不意味着它适用于所有场合。

> 写完后至少看两遍，竭力将可有可无的字、句、段删去，毫不可惜。
> ——鲁迅，思想家、文学家

在某些场景中不应该或者不能够完全使用"结论先行"，否则效果会适得其反，比如在传达坏消息的时候。

假如你和同事们辛苦工作了很长一段时间，都在期盼着即将到来的假期能够好好休息一下，这个时候突然在邮箱里收到了公司发来的邮件，内容如下：

尊敬的员工：

请注意，原定在9月3日到5日的假期取消了，原因在于我们的公司十周年庆祝活动需要这样做。感谢你的理解。

×××公司办公室

想象一下你此刻会是什么心情？愤怒？失望？还是沮丧？总之原来的期望值有多高，现在的心情就有多低落。

如果换一种表达方式呢？像下面这样：

尊敬的员工：

您好！

我们很遗憾地要与大家共同分享一个消息。为了维护所有员工的荣誉，我们需要在公司十周年庆典来临之前加班，以确保各项工作万无一失。由于我们正处于这样一个时期，公司董事会已决定放弃9月3日到5日的假期。

不过，董事会邀请大家于9月3日上午在公司休闲厅品尝蛋糕和咖啡，并举办一个亲子运动会。我们期盼与同事、孩子一起分享我们的幸福。

×××公司办公室

对比两种表达方式会发现，前者虽然结论先行，但没有考虑读者对象可能会产生的反应和心情，显得十分生硬。而后者在表达自己的核心观点之前，先用了一段充满真挚之情的语言表达来做铺垫，让读者对象充分地感受到了同理心；并且针对对象可能产生的反应做了相应的预案，以削减对方可能产生的负面情绪。

显而易见，中国传统文化博大精深，大家在学习"硬的表达逻辑"时，也千万别丢了老祖宗传下的"软的表达智慧"。

李忠秋在《结构思考力》中分享了这样一个故事：有一位小朋友在上学的路上救了一位落水的同学，到学校后不但被学校表扬，而且被评为见义勇为小英雄。接下来的故事却发生在A老师和B老师给家长打电话的差别上。

A老师：喂？您好，请问是小明的家长吗？

孩子家长：是啊。

A老师：我是他的老师，今天早上你家孩子在上学的路上，路过一条河……

孩子家长：然后呢？

A老师：河水湍急，这个时候他的一个小伙伴一不小心就掉到河里去了……

孩子家长：然后我家孩子怎么样？

A老师：他非常勇敢，跳到河里去救他的小伙伴……

孩子家长：然后呢？

A老师：然后他顺利地把小伙伴救了上来，学校评他为见义勇为小英雄，所以今天打电话是想恭喜您一下。

如此表达方式，想必这个接电话的家长早已被吓得完全疯掉了。可B老师会怎样打电话呢？

B老师：喂？您好，请问是小明的家长吗？

孩子家长：是啊。

B老师：我是他的老师，今天打电话是想恭喜您小明在学校里被评为见义勇为小英雄……

而这种表达方式，则一定会让这位接电话的家长感到无比骄傲与自豪了。

所以，在传递坏消息、讲故事等需要从缓到急或制造悬念的场合都要慎用"从结论说起"的表达形式。

本节小结

本节以概念性的内容为主,主要阐述了以下几点:

1. 写作也有结构,它是文章的整体框架、内部构成及逻辑顺序,能够将我们的隐性思维显性化。

2. 结构化写作就是人们在处理问题或者进行写作的过程中,从逻辑思维结构的角度出发,利用整体和部分的关系,采用系统化的方法和步骤,有序地思考,从而更有效地进行沟通与表达。

3. 从结论说起的表达结构有利于受众接收要点,但并不适用于所有的场合。

第三节　轮到你了

（1）针对本章的主要内容及核心知识点，请画出金字塔结构图或者思维导图。

（2）为什么说"勤奋"的人最懒惰？请写400字左右的一个段落来回答这个问题。

（3）假如你参加一个朋友的生日宴会，突然被人起哄要你讲几句，想必在开口前，你一定在脑中将你第一时间想到的内容进行了归纳，并用一句话表达出来。那你会怎样进行表达呢？

（4）请选择自己阅读过的一本书，撰写一篇不少于500字的书评。书评的结构多种多样，下面是一个最基本的范例，你可以根据自己的情况进行参考。

开头：书籍的基本信息，包括作者、标题、出版信息（出版社和出版时间）、图书类别等。简单说几句就可以，主要是为了给读者一个大致的概念。

中间：中间部分可以分为几段，逐步深入地对内容进行阐述。你可以和读者讲一讲书中哪些部分最精彩，并且列出具体的例子。针对非虚构类书籍，你还需要讲一讲作者的初衷、主题、论据和主要观点，这本书的优缺点是什么，你会推荐给别人读吗，原因是什么。

结尾：总结自己的观点，读者还等着听这本书值不值得读，要阐明自己对这本书到底有什么看法。

第二章

魂——像打靶一样瞄准你的主旨

一旦抓住了主题,语句就跟着来了。

——加图(罗马政治家、作家)

第一节
认准"统帅",服从安排

一旦抓住了主题,语句就跟着来了。
——加图,罗马政治家、作家

叶圣陶先生在《落花水面皆文章》中对写作有这样一段表述:"咱们要写作,首先必须有个主旨:前面所说读书得到的意思,从事物中悟出的道理,这些都是主旨。写作的时候有关主旨的话才说,而且说得正确,说得妥帖,说得没有遗漏;无关主旨的话却一句也不容多说,多说一句就是累赘,就是废话,就是全篇文字的一个疵点。这种情形和当众讲话或演说倒有些相像。咱们站起来当众讲话或演说,也不能像平时一样杂七杂八地说,必须抓住一个主旨,让一切的话都集中在那主旨上头才行。有些人写作,写了一大堆,自己不知道说了些什么;拿给别人看,别人也不知道他说了些什么。这就是忘了写作必然有个主旨的毛病。主旨是很容易认定的,只要问自己为什么要写作这篇文字,那答案便是主旨。认定了主旨,还得自始至终不放松它;写一段,要说得出这一段与主旨有什么关系;写一句,要说得出这一句对主旨有什么作用。要做到这地步,最好先开列一个纲要,第一段是什么,第二段是什么,然后动手写第一段的第一句。这个办法,现在有许多国文教师教学生照做了。其实无论哪一个写作,都得如此;即使不把纲要写在纸面上,也必须预先想定纲要,写在自己的心上。有些人提笔就写,写来很像个样子,好像是不假思索的天才;实则也不是什么天才,他们只因太纯熟了,预先想定纲要的阶段仅需一会儿工夫,而且准不会有错儿,从外表上看,便好像是不假思索了。"

这段表述最起码有这么三重意思：

（1）什么是主旨。

（2）自始至终要围绕主旨进行写作。

（3）下笔之前首先得有个写作纲要，更有利于条理分明地进行写作。

这三点基本上将写作的过程完全概括出来了，下面一一来分析。

一、什么是主旨

在《汉大商务汉语新词典》中，主旨的解释为：主要的意义、用意或目的，如主旨不明。在百度百科中是这样解释主旨的：［1］主要的意义、用意或目的(也就是中心思想)。［2］犹主张，主意。更加抽象，有时可以理解为想要体现的一种精神。［3］在写作教学中，指作者在说明问题、发表主张或反映社会生活现象时，通过文章或作品的全部内容表达出的基本观点，是文章的叙写、议论目的。在记叙文类中，主旨与主题是相同的概念；在议论等类文章中，写作意图一般称主旨，不称主题。按照叶圣陶先生的说法，所谓主旨就是我们想要用文字表达出来的心里的想法。但是这个想法并不是无本之木、无源之水，它是来自我们在平日里看书、观察、思考后的感悟。

以上三种解释大同小异，在写作中要想良好地表达出主旨，就需要平日多走、多看、多想。古人所云"行万里路，破万卷书"是非常有道理的。很多人有时明明感觉到有很多东西想要表达，那话语仿佛就在嘴边，可是就是无从下笔，最终万千言语都变成了如鲠在喉的尴尬，究其原因还是读得少、写得少，不熟悉表达的要求和方法；又或者是想法仅仅在脑中停留，懒于动笔，等到兴之所至再回过头来找的时候，当初的灵感早已经水过无痕了。

二、自始至终要围绕主旨进行写作

主旨一旦确定,作者就必须首先要确定它的主体地位,用通俗一点的说法来形容:如果一篇文章是一支军队的话,那么主旨就是它的统帅,由统帅决定用多少兵,采用什么样的战法,如何排兵布阵。

所以很容易明白,历来的文学体裁中,诗词歌赋,文章风骚,会有各种各样的修辞方法、论证手法,会出现不同的语体色彩,也会有许多不同的结构安排,起因皆是表达主旨的需要。把握这一点,便会根据主旨需要选择合适的素材,比如婉约词多春花秋月、雕栏玉砌、微雨与飞燕,豪放词多诗酒风流、塞外胡马、秋声与寒角。

同样,不同的文学体裁在形成的过程中,根据表达主旨的需要渐渐形成固定的"起—承—转—合"格式。历史上最典型的莫过于八股文,今人虽已去其糟粕,但仍不可否认它在写作结构上的鲜明特点。其他如诗经与乐府、律诗与绝句、说理文与记叙文皆有自己的格式要求。尤其是词,根据词牌名的不同,有两千多种格式。正是对于词律的严格遵守和深入研究,尽管李清照盛赞苏轼乃"学际天人",但在极注重声律的标准之下,还是认为其词是"句读不齐之诗"。围绕主旨进行写作如图 2-1 所示。

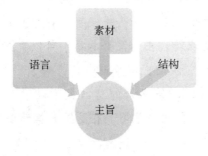

图 2-1 围绕主旨进行写作

我知道自己在做什么，我把它写了下来。
——奥克塔维奥·帕斯，墨西哥作家、诗人、外交家

三、下笔之前首先得有个写作纲要，更有利于条理分明地进行写作

人们往往形容那些做起事来有条有理的人为"胸有成竹"，其实写作也是一个道理。下笔之前，如果心中有个大概的写作纲要会非常有利于写作的思路和进程，最好这个纲要能够落实在纸上，将思维具象化，写作会更加顺利。反之，很多人往往提笔就写，要么是写到一半就写不下去了，要么是笔下生风，却是离题万里，这两者都是要不得的。

这一点我们从剧本的创作上看得最为分明。剧本在创作之初一般都会先设定自己的人物角色，赋予他们不同的形象特征，列出他们的人物关系，进一步列出整个故事的简要情节。有了这些人物设定和简要情节，基本上就框定了写作的范围、走向，在后期写作的过程中，各种各样的细节也都是为了满足突出主旨、刻画人物、烘托环境的需求。

其他类型的写作也不外乎此。就像火车行驶一样，只有先铺好了轨道，火车才不至于脱轨。在下笔之前，先理清写作的思路，大概列出写作的纲要，这个纲要便在一定程度上成了指南针，指导着写作的方向，也时刻提醒着、帮助着作者的下一步思考和写作。

利用以上知识举个范例：

无论是在校生还是职场人士，可能都会涉及"总结"这一写作场景。尤其是职场人士，写好总结，可以说对自己来年的工作至关重要，因为它涉及资源争取、印象评价，甚至是薪酬调整。对于在校生来说，一份良好的总结也可以帮助自己明确过往得失，更有利于下一阶段的学习。在这里，推荐以下结构：

写作前：

明确写作总结的意图——（职场人士）总结得失，获取领导

认同和指导，争取资源；（学生）明确得失，砥砺前行。

写作中：

（1）上一阶段情况的概述。可以采用一些事实，还可以列举一些数字。比如对比之前自己设定的目标完成了多少？还有哪些是没有完成的？

（2）完成亮点详述。着重分析经验、思考，切记勿一味说苦劳，因为对于领导来讲，苦劳不等于功劳。而对于学生自己来讲，诉苦同样毫无意义，有意义的是你所经历的这一切对自己和他人有何启发和帮助。

（3）特殊事项说明。比如发现问题，分析原因，所需资源及支持，下一步的行动计划。

如图 2-2 所示。

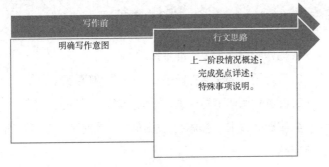

图 2-2　总结写作技巧

这样的总结没有套话、空话，没有放之四海而皆准的所谓真理，每一项、每一句都切中要害，每一个安排都围绕着中心意旨进行，会起到良好的作用。

特别值得注意的是：

从阅读与写作的关系来说，可以从两个维度来理解主旨。一种是从主体出发，如果看不清、认不准自己的观点，那么就无法清楚明白地传达自己的思想。观点的准确与否，直接决定了受众对表达者的接受度，决定了表达效果，而这种表达用文字表述出来，就叫作写作。另一个维度，是我们去阅读和分析别人已经表达出来的信息,从而去判断信息发出者的主要意图,或者叫文章主旨,这时候就需要掌握一些必要的技巧或者叫技能,我们把这个叫作阅读能力。由这个阅读能力出发,再从自己的角度解读,并且用文字表述出来,就又演变为写作能力。从写作到阅读,再到写作,我们最终需要弄明白的是文字背后所要传达出来的真实意旨。当然,这里也会有文章的结构方法、写作方法以及语言表达等诸多因素的影响。党的二十大报告指出,"当前,世界之变、时代之变、历史之变正以前所未有的方式展开。"学会如何利用批判性思维来判断信息的真假、由表及里、去伪存真、抽丝剥茧,找到文章的核心依然是阅读和写作最大的意义,因此阅读和写作本为一家,不可分割。

••• 本节小结 •••

1. 写作时首先需要明确主旨。
2. 自始至终要根据主旨来安排各项写作要素。
3. 阅读和写作本为一家,不可分割。
4. 平时多读书、多思考、多练笔,是提高写作能力的最佳途径。

第二节
找目标，定主题，巧裁新衣披上去

　　学校后勤部门找到带写作课程的Ａ老师，表示希望Ａ老师对后勤部门的员工进行一次写作培训，并要求Ａ老师先写出一份培训大纲，待后勤领导通过后再行商定培训日期。

　　Ａ老师对这件事情表示很高兴，一方面可以用自己的专业特长帮助后勤的同事提高写作技能，另一方面可以在校内通过这个渠道宣传写作课程，何乐而不为？

　　说干就干，Ａ老师挽起袖子，认真写了一份自认为完美的培训大纲，从理论到实践、从结构化写作概念到表达原则，样样俱全，而且很多名词看起来相当专业，又因为表述方式陌生化，所以给人看起来很"高大上"的样子。

　　两天后后勤给了反馈，表示对于培训大纲中的众多写作原则和名词表述都看不懂。Ａ老师虽心感遗憾，但经过沟通才知道，对方其实只需要非常简单的应用写作文体培训，比如请示、情况说明、汇报、联络单等，目的只是解决后勤与其他部门在日常工作中所产生的行文困难。

　　Ａ老师重新撰写了一份简单实用的大纲，顺利通过。

> 一个人的风格有多大力量，就看他对自己的主张有多么强烈，他的信念有多么坚定。
>
> ——萧伯纳，爱尔兰剧作家

以上这个小故事能够告诉我们什么呢？

是的，上文中的 A 老师第一次失败之处就在于没有根据对象的需求来确定培训主题，这在写作和沟通中可是一个大忌。

一、了解你的读者需求

除了私人日记外，几乎所有的作品都是有读者的，作品需要指向这些特定的读者，在当面沟通的时候尤为如此。作者需要充分地了解自己的对象，比如他（她）的性格特征、爱好，甚至等级、职位，然后再来确定谈话风格、语气及沟通进程。

有时候读者的需求和期盼是显而易见的，但有些情况下相对比较复杂和困难。比如，要教会一位家庭主妇做一道菜并不难，你只需要给她一份菜谱，但如果对方要求的是这道菜里还要有"爱的味道"，这个恐怕不是那么简单了，或许你还要通过了解对方的生活背景才能判定怎么教做这道菜。又比如，学生如果只是想学会怎么写求职简历，那么你大可以拿一堆模板给他（她），但假如对方要求的是成功应聘阿里巴巴，这就要将求职者的简历和所应聘公司特点最大限度地匹配起来，还要让面试者看到你求职者的与众不同。

所以，在考虑读者的时候，要设身处地地去思考。问问自己：如果你是那个站在文字对面的人，自己写出来的文字是否能够打动自己？如果你是站在自己对面的那个人，自己说出来的话是否能够成功地说服自己？

站在读者的角度进行思考，有两个关键的问题：

一是信息；

二是态度。

你要给读者哪些信息？他们已经掌握了多少？如果需要对方

根据你的需求做出决定、展开行动,他们又需要你提供什么信息?

想象一个场景:你今天在公司的走廊里遇见了上级主管,主管有心要了解竞争对手×公司的现状,于是要你汇报一下。以下是你们的对话:

主管:小李,×公司的业绩如何?

你挺直了身体,快速回顾和整理了一下自己掌握的数字,然后有条不紊地开口:×公司最近一季的销售额为 2 200 万人民币,营业利益为 50 万人民币。自由现金流量为 550 万人民币。昨天股票的收盘价为每股 17 元。

主管:喔,所以呢?

难道是我说得还不够全面?你只好迅速转动大脑,搜索更多的信息:啊!是……好像还有特别损失的部分,再扣除税之后,利益为 440 万。利息支出大概是……

主管这时候打断了你:所以呢?

你有点慌了:啊?还有……该公司利息收入为……。销售成本是……

主管:我是问你"他们的业绩怎样?好还是不好?"

你松了一口气,心里不禁说,你早说啊!但脸上还得挂着笑:喔!是这样的啊……似乎回升了不少。

主管:好啦,有上升就是了,我知道了……

仔细分析一下上面的案例会发现,上文中的主人公"你"没有准确地判断主管此刻想要了解的到底是什么信息。试想在公司的走廊里偶然遇见,时间自然是十分短暂,同时走廊也不是一个适合详细聊信息的空间,主管不可能想听你详细地汇报各种数字。他其实只是想要一个总体的信息,如果想要深入地了解,大可以邀请你进办公室详谈。我们可以用图 2-3 来说明:

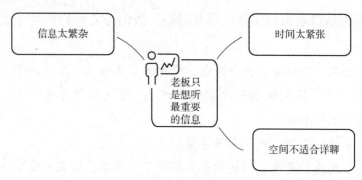

图 2-3 短时间内判断汇报信息图解

二、基于目标定主题

当我们了解对象需求后,就要基于目标来定主题,而且力求简单明确。在结构化写作中,同样可以采用结论先行的办法,此处的结论即我们根据目标需求而产生的主题句,也可以把它叫作一篇文章的中心思想。在口头表达场合,也就是你着重要表达的中心意旨。

比如 TED 演讲一般要求演讲者在 18 分钟内完成自己的演讲,可以试着这样去表达自己的主题:

18 分钟是一场演讲的理想时长。研究发现"认知积压"(信息量过大)会影响思想的传播……"18 分钟的时间不长也不短,既能体现一个演讲的严肃性,又足以抓住现场观众的注意力。而且,这个时长对于在线观看演讲视频的观众也是再合适不过了,差不多相当于喝杯咖啡的时间。"……TED 演讲的时长被限定为 18 分钟,这样可以促使他们思考自己真正想要表达些什么,有哪些要点。18 分钟使演讲者的想法变得更清晰,也为演讲者建立了一种规范。([美]卡迈恩·加洛,《像 TED 一样演讲》)

图 2-4 清楚地呈现了作者的思路。

> 要想打动人,首先自己要被打动。否则,再富技巧的作品也决无生命。
> ——让·弗朗索瓦·米勒,法国近代画家

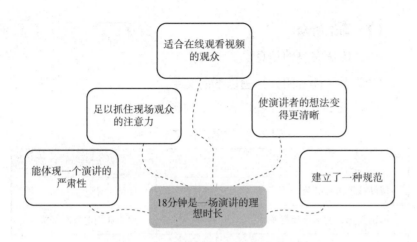

图 2-4　为什么要遵守 18 分钟的演讲规则

通过以上分析可以明白，目标不同，主题也不同。每一场演讲都有它独特的主题，不同的主题是为了达到特定的表达目的。因此，演讲者需要根据自己的听众对象了解足够多的信息，搜集足够多的材料，并经过巧妙的剪裁形成文稿，再通过演讲技巧用声音、画面等呈现出来。写其他文字也如演讲稿一样，需要这样一个过程，才能有效地实现写作目的。

三、如何让主题焕然一新

常言道："酒香不怕巷子深。"但是在信息时代，"酒香也怕巷子深"早就成为大家的共识。因此，如何让我们的主题表达得更加有吸引力、有冲击力也是值得思考的一个问题。

对于结构化写作来说，标题最好能够透露或者扩展成为主题，才能起到高效表达的作用。那么，在撰写标题的时候可以通过以下四点来进行优化：

（1）吸引注意。

（2）筛选听众。

（3）传达完整的信息。

（4）引导读者阅读标题以下的文字。

试看表 2-1 中的一些广告文案的例子。

表 2-1　优秀广告文案示例

文案	广告主
帮助孩子击败蛀牙	佳洁士牙膏
挥别炎热，就从今年夏季	美国通用电气冷气机
深层清洁，平衡控油	诺珊玛保湿露
新影片教你雕塑迷人大腿	运动教学录影带
发现浓郁烘烤风味	布瑞姆牌低卡咖啡
未来牌狗食全新四种美味选择，瞩目登场	未来牌狗食
67 档成长型潜力股免费研究报告	美林证券
木材加工简单三步骤	明威克斯牌木材涂料
如何烤豆子	凡坎普罐头食品
你的电费太高了吗？	电力广告公司

（节选自［美］罗伯特·布莱《文案创作完全手册》）

可以看到，这些文案的标题中要么顾客群体针对性非常强，要么信息显示非常明确，并且通过如反问、比喻等修辞手法和其他技巧来吸引读者往下阅读。总之经过这样的主题包装，形式新颖，往往能够起到深化内容的作用。

如果留心一点，也会发现很多书名本身是带有副标题的，如表 2-2 中的书名。

表 2-2 良好的书籍名称示例

正标题	副标题	作者	出版社
好好学习	个人知识管理精进指南	成甲	中信出版集团
菜鸟学理财	一看就会	洪佳彪	中国铁道出版社
混合式学习	21世纪学习的革命	[美]迈克尔·霍恩 希瑟·斯特克著，混合式学习翻译小组译	机械工业出版社
最强大脑	写给中国人的记忆魔法	王峰 陈林 刘苏	北京大学出版社
权衡	批判性思维之探究途径	[加]马克·巴特斯比莎伦·白林	中国人民大学出版社
学习力	如何成为一个有价值的知识变现者	Angie（张萌）	中国铁道出版社
任正非和华为	非常人 非常道	余胜海	长江文艺出版社

以上书籍名称示例中都有一个共同点，即正标题揭示了核心意旨，但副标题却透露给读者更多信息，或者说更加能够吸引读者的注意力，因为副标题的产生本身就是基于读者的需求，所以更能够挠中读者痒点，戳中其痛点。

需要说明一点，用写好标题的方式来包装主题与网络上流行的标题党并不是一回事儿。很大程度上，标题党往往以获取更多流量为最终目标，但是在结构化写作中，标题是为主题服务的，简单、准确恰恰是最好的标准，在上文表格中标题示例也同样体现了这两个原则。过分地炫技往往会淹没主题，作者自我满足的技巧并不代表读者对象的期待标准。

本节小结

1. 在确定主题之前要了解读者对象的需求。

2. 基于行文目标来确定主题。目标不同，主题也不同，哪怕是面对同样的内容。

3. 在结构化写作中，为了主题的表现形式更新颖，可以采用写好标题的方式进行包装。但是最终标题要为主题服务，原则也以简单、明确为主。

第三节
掷地有声的 TOPS 法

　　袁教授作为一位民办大学的校长，是学校 23 个行政和教学单位的主管领导。每到周一是袁教授最忙的时候，因为这一天他要听取最少 23 个负责人的工作汇报，并与他们探讨本周的工作计划。这个时候袁教授会经常意识到下属在汇报工作时缺乏技巧，而这种短板让彼此都头疼无比。比如，此刻人事处处长正在给他汇报：

　　"我们学校目前的助教有 50 位，讲师有 80 名。"处长停了一下，观察主管的脸色，看他有没有在认真听，发现他似乎在听。

　　"副教授有 10 名，而具有教授职称的只有 5 名。"处长又停了一下，看袁教授没有说话的意思，于是又接着说，"而我们的同类院校中比如××学校，他们学校的助教有 30 名，讲师的数量跟咱们差不多，但是副教授有 20 名，教授有 10 名。"说到这里，他发现上司似乎脸色不悦，正在极力忍受着什么。

　　"而最近，我们在学生中间做了一个调查，调查的主题是……"

　　"够了，陈处长，你能不能用一句话告诉我，你想要表达的最终意图是什么？"袁教授终于忍不住了。

　　"哦哦，其实我是想说我们需要马上启动引进高层次人才的计划。"

自上而下地构建金字塔结构通常更容易一些，因为你开始思考的是你最容易确定的事情，即文章的主题以及读者对该主题的了解情况。

——（美）芭芭拉·明托《金字塔原理》

上面的场景相信大家都很熟悉。陈处长并没有错，他想尽量把信息说清楚，也许他还有很多没有表达出来，比如教育部对高校教师职称比例的要求、学校战略发展对人才的需求，以及同行业竞争所产生的高层次人才需求等。但是陈处长没有注意的一点，是自己所面临的对象和所在的场景。

在这种表达场景中可以采用金字塔原理中的 TOPS 法则。

一、金字塔原理中的 TOPS 法则

金字塔原理中有一种表达方式叫作 TOPS 法则，具体如图 2-5 所示。

图 2-5 TOPS 法则

英文"TOP"的意思指顶端、顶点。在理性写作中，可以认为是要把一篇文章的观点放在开头表达，便于读者第一时间抓到重点。在金字塔原理中，这种表达方法叫作"自上而下表达，结论先行"（详细请参考本书第一章）。以下面一封电子邮件为例：

尊敬的王助理：

正如您从我们以前的会议和早先的讨论中所知道的，图书馆改造项目的完成期限很紧迫，还有三个月就要到期了。为了使项

目顺利进行,我们办公室现在需要购买各种工具和产品。我在下面列出了项目需要的清单,并想通过这个备忘录得知您是否能对此授权,这样,采购部门就可以考虑他们能否到相应的公司进行采购。

此致

小王

首先进行一下目标分析。

小王写这封邮件的目的是要得到积极、肯定的回应,即能够得到上司的授权,所以要保证信息能够得到迅速阅读并马上被人理解,就需要阐明事实、讲究实际、追求高效。但是小王在一开始并没有明确表述自己的主要意图,而是先铺垫客观情况,并且在表述自己的希望和要求的时候用了不够坚决的表达方式——想得知您是否能够对此授权。这样的话,主管领导会有两个选择——授权或不授权,如果恰逢领导心情不好的话,很可能小王等来的是一个否定的答案。

试着用下面的方式来表达:

尊敬的王助理:

请您签署附件所列的项目需求,以便采购部门能够为我们购置这些物品。

如您所知,图书馆改造项目的截止日期为8月1日,所以我需要您能尽快授权购置这些必要的工具和产品。

谢谢您的帮助。

小王

比较上面两封邮件可以发现,第二封邮件中的"行动召唤"位于前端和中心位置,这样就确保上司不会错过。这里首先阐明了自己的目的,而没有赘述任何无关的信息,提议也具有高效、有效和可信的特点,因此有利于推动工作的进展,这也便是

"TOPS"中"T"的体现。而在习惯性的书写版本中,上司不得不在你的文字中找你写这封邮件的目的是什么,自己批准的理由是什么。

同样,开头即明确地表达出自己的观点,就会引导对方的疑问,在引导对方的疑问后紧接着给出事实,也就是依据(S),且能够不忘自己的身份,向领导表示谢意,整个行文目标明确(T),思路流畅,语言正式、不卑不亢(P),同时要记得理性写作的原则是简单、明确,但内容齐备,不枝不蔓(O),这种表达方式能够充分体现商务写作中高效沟通的原则。

二、为什么要使用TOPS法则来进行表达

原因很简单,当今时代需要高效率的表达。

再回到本节开篇的故事场景。袁校长此刻面临的是23个部门的汇报,如果按照每个人汇报5分钟,那么也需要115分钟才能全部完成,且不说这中间袁校长是否需要思考、点评、明确下指示等,所以表达的效率就成了此刻最重要的因素。袁校长此刻更关心的是下属想要表达的结果,由这个结果出发给予思考、建议和指示,至于中间的过程,则完全可以会后详细看,甚至如果当时能够决策的事情,事后也未必会去详细看。

上面提到的报告属于理性写作的一种。而无论是学生还是职场人士都会非常频繁地遇到此类表达场景。如今的时代,人们对做事效率的要求普遍提升,说者与听者都没有足够的时间来应对对方。对于说者,要快速地说清楚并能够确保对方理解自己的意思。对于听者,只有第一时间抓到对方表达的要点,才有兴趣继续听下去并与之互动,这就是高效率表达。

从写作的角度来讲,写作的过程也意味着思考的过程,这个时候可以采用倒金字塔结构。比如陈处长的思维模式可以如

图 2-6 所示。

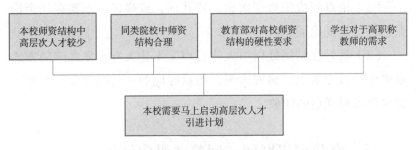

图 2-6　倒金字塔表达方式

但是，写作的最终目的是表达，尤其在面对需要快节奏表达的时候，就需要正金字塔结构，如图 2-7 所示。

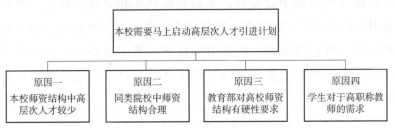

图 2-7　正金字塔表达方式

这种金字塔结构可以很好地提高我们的表达效率。

但是初学理性写作者或者初入职场的人在面对这样的场景时常犯的一个毛病是，进入主题太慢，起承转合之间很不协调，绕来绕去说半天都没有进入主题，在"起"上做过多的铺垫和说明，由于篇幅所限，很多时候刚"起"，无承无转无合，就不得不赶紧收尾了。

提高表达效率要明确以下几个具体要求：

（1）铺垫部分要尽可能短，快节奏地进入主题。

（2）开始就要向读者言简意赅地亮出自己的观点。注意，言简意赅，就是观点应该比较短，最好能精练成一句话，让读者很清楚地把握你的观点。观点是否言简意赅有一个衡量标准，即能

一个人必须知道该说什么，一个人必须知道什么时候说，一个人必须知道对谁说，一个人必须知道怎么说。

——德鲁克，现代管理之父

初稿给你的快乐是你欺骗自己说：这已相当接近真正要写的内容了。随后的几稿给你的快乐在于你意识到自己没有被初稿所欺骗。

——朱利安·巴纳斯

不能将观点浓缩到标题之中。

（3）论点间应该有层次感，或并列，或递进，不要在一个论点上进行重复论证。

（4）最好在结尾处以引人注目而又不让人有重复之感的方式重申你的核心观点。研究表明，前后呼应的"首尾效应"有利于加深读者对观点的印象。

三、有效利用疑问/回答式纵向结构

TOPS 表达模式也是结构化原理中纵向关系的一种表现，即人们在写作过程中会发现，平铺直叙其实很乏味，那么，可以采用疑问/回答式的结构。这种结构要求不断提供信息，设想读者疑问。要回答疑问，就要引导疑问，要引导疑问，就要控制疑问，而这个疑问要从公认的事实开始。这种表述结构可以参看图 2-8。

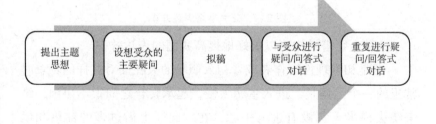

图 2-8 疑问/回答式纵向结构的构建步骤

这点可以参考苏格拉底提问法。有一段非常有名的苏格拉底和路人的对话：

苏格拉底：我有一个问题弄不明白，向您请教。人人都说要做一个有道德的人，但道德究竟是什么？

路人：忠诚老实，不欺骗人。这就是公认的道德行为。

苏格拉底：你说道德就是不能欺骗别人，但和敌人交战的时候，我军将领却千方百计地去欺骗敌人，这能说不道德吗？

路人：欺骗敌人是符合道德的，但欺骗自己人就不道德了。

苏格拉底：和敌人作战时，我军被包围了，处境困难，为了鼓舞士气，将领就欺骗士兵说，我们的援军到了，大家奋力突围出去，结果成功了。这种欺骗能说是不道德吗？

路人：那是战争中无奈才这样做的，我们日常生活中就不能这样。

苏格拉底：儿子生病了，却又不肯吃药，父亲骗儿子说，这不是药，而是一种好吃的东西。请问这也不道德吗？

路人无奈地说：不知道道德就不能做到道德，知道了道德就是道德。

苏格拉底听了十分高兴，拉住那人的手说：

您真是一位伟大的哲学家，您告诉了我道德就是关于道德的知识，使我弄明白了一个长期困惑的问题，我衷心地感谢您！

从这段对话中很容易发现苏格拉底的对话特点，即每句话都是以问题开始，以问题引导和控制着路人的思考方向。相反，如果苏格拉底一开始就告诉路人什么是道德，也许到最后路人也听不明白，或者根本没兴趣听。

可以看到，借助 TOPS 原则，不但能够使我们在沟通和写作时重点突出、主题鲜明，而且能够使对方第一时间把握要点，减轻沟通和理解成本。同时，利用疑问/回答式纵向结构，也有利于我们把握行文走向，使读者或者谈话对象一直处在设定的轨道之内。

> 在信息时代，事实是非线性的……复杂世界中，谁说的话有道理，谁讲的故事好听，人们就选择谁的。如果你仍然想用线性分析和事实去说服其他人，你讲不明白，也不可能讲明白。
> ——安妮特·西蒙斯

本节小结

1. 当今社会需要高效率的表达，高效率的表达可以采用金字塔结构。

2. 金字塔结构中的 TOPS 原则可以有效地节省沟通成本，同时能够使表达主题鲜明，表达主线贯穿始终，论证有理有据。

第四节
瞄准靶心的 5 why 分析法

杰斐逊纪念堂坐落于华盛顿,是为了纪念美国第三任总统托马斯·杰斐逊。

年深日久,纪念堂墙面出现了裂纹,斑驳陈旧,政府非常担心,派专家调查原因。

专家迅速集结,最初调查认为墙面遭受侵蚀是酸雨导致的,可随着进一步研究,发现最直接的原因并不是酸雨,居然是每天冲洗墙壁所使用的清洁剂!如何避免这一情况呢?

专家们并不是没有头绪地开展工作,他们首先要确定问题的根源,才能有的放矢地解决问题。于是,他们给出了一连串的提问,并对这些问题进行回答,如下:

问1:为什么纪念堂表面斑驳陈旧?

答:专家发现,冲洗墙壁所用的清洁剂对建筑物有腐蚀作用,该纪念堂墙壁每年被冲洗的次数大大多于其他建筑,腐蚀自然更加严重。

问2:为什么经常清洗呢?

答:因为纪念堂被大量的燕粪弄得很脏。

问3:为什么会有那么多的燕粪呢?

答:因为燕子喜欢聚集到这里。

问4:为什么燕子喜欢聚集到这里?

答:是因为建筑物上有它喜欢吃的蜘蛛。

问5:为什么会有蜘蛛?

答:蜘蛛爱在这里安巢,是因为墙上有大量它爱吃的飞虫。

问6:为什么墙上飞虫繁殖得这样快?

答:因为尘埃在从窗外射进来的强光作用下,形成了刺激飞虫生长的温床。

问到这里,问题的根本原因也就水落石出了,而解决问题的方法竟然如此简单,那就是——拉上窗帘。

以目而视,得形之粗者也;以智而视,得形之微者也。
——(唐)刘禹锡《天论(中)》

一、什么是 5 why 分析法

5 why 分析法,又称"为什么—为什么"分析,是一种探索问题原因的方法。对一个问题连续发问 5 次,每一个原因都会紧跟着另外一个"为什么",直到问题的根源被确定下来,如图 2-9 所示。

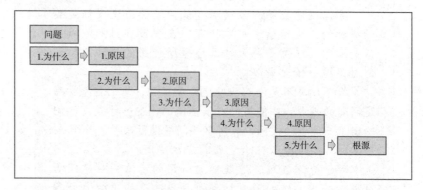

图 2-9　5 why 分析法图示

如图,沿着"为什么—为什么"的因果路径逐一提问,先问第一个"为什么",获得答案后,再问为何会发生,以此类推,问 5 次"为什么",或者更多,以此来挖掘出问题的真正原因。

虽然标题为 5 个为什么,但使用时不限定只做 5 次"为什么"的探讨,而是要以找到根本原因为止。根据不同情况,有时可能只要 3 次,有时也许要 10 次,总之要打破砂锅问到底。

二、写作和表达中为何需要 5 why 分析法

无论是学生还是职场人士,总会遇见一些复杂的、一时难以理清头绪,尤其是难以看透核心问题的表达情景。要想达到高效

> 学习知识要善于思考,思考,再思考。我就是靠这个方法成为科学家的。
> ——爱因斯坦,犹太裔美国科学家

表达和沟通，界定问题和找到根本原因就显得尤为重要。只有界定真正的问题，后面的所有措施、方案才会不偏离方向。同样，如果找不到根本原因，那么找出再多的方案也都是隔靴搔痒、治标不治本。以下面的情景为例：

某学校通过期中教学检查收集到学生意见，认为"结构化写作"这门课作业量很大，希望任课教师能减少作业。相关教学部门接到学生情况反映后组织教师进行讨论，要求教师找出解决办法，改善考核方案。

面对这个问题，就可以采用5 why分析法来进行。首先，从表面现象开始提问：

问：学生为什么会反映作业量大？

答：因为每周老师让小组做课前任务。

问：为什么需要每节课做课前任务？

答：是为了翻转课堂的需要，提高学生的自学能力和落实"以学生为中心"的教学理念。

问：为什么翻转课堂反而让学生感觉作业量大呢？

答：因为作业必须用PPT形式做。

问：为什么以PPT形式来做作业会让学生感觉作业量大？

答：其他课程同类作业比较多，PPT相对其他作业形式更费神。

解决方案：寻求除PPT形式之外的其他作业形式。

通过以上分析可以知道，在这个问题上，学生反映的实质性问题并不是作业量真的大，而是因为作业形式同质化太严重，所以导致学生感觉作业过多。界定了这个实质问题之后，就能顺理成章地找到解决办法，即寻求多样化的作业形式，而不是盲目地削减作业的数量。

三、使用 5 why 分析法的注意事项

需要说明的是,5 why 的分析不是随意进行的,必须是朝解决问题的方向进行分析,如果脱离了这个方向,使用 5 why 就可能会走进死胡同,如图 2-10 所示。

图 2-10　许多个问题不等于 5 why

下面是一个使用 5 why 分析法的有意思的故事:召开全国论坛项目为什么失败了。利用 5 why 法分析原因如下:

why1:这个项目为什么失败了?

——因为计划不够周密详细。

why2:为什么计划不够周密详细?

——因为时间太紧张。

why3:为什么时间太紧张?

——因为参与人员事务太多。

why4:为什么参与人员事务太多?

——因为他们除了论坛事务还要上课。

why5:为什么他们还要上课?

——因为他们是教师。

why6:为什么他们是教师?

……

另一个错误使用 5 why 的案例:一个人摔了一跤。利用 5 why 分析原因如下:

why1:为什么摔跤?

——因为地面滑。

why2：为什么地面滑？

——因为地面有水。

why3：为什么有水？

——因为早上洒水车洒水了。

why4：为什么洒水车要洒水？

——因为地太干。

why5：为什么地太干？

——因为长期不下雨。

why6：为什么长期不下雨？

……

如果按照这样的方法进行分析的话，你会发现离主题越来越远，要想分析出真正原因，几乎是不可能了。

所以，成功利用5 why分析法的关键在于：鼓励解决问题的人要努力避开主观或自负的假设和逻辑陷阱，从结果着手，沿着因果关系链条顺藤摸瓜，穿越不同的抽象层面，直至找出原有问题的根本原因。5 why分析法的注意事项如图2-11所示。

图2-11　5 why分析法的注意事项

使用5 why分析法的提示：

（1）在提问前客观地厘清问题，把握现状。

（2）提问时躲开借口、推托、无效回答等陷阱。

（3）连续提问，不找到根本原因不放手。

你们要学习思考，然后再来写作。

——布瓦洛，法国诗人

（4）策划解决方案。

这样就能完美地找到最终答案了。

••• **本节小结** •••

1. 5 why 分析法可以帮助我们界定实质问题，寻求最终解决方案。

2. 5 why 分析法不仅是一种管理工具，在写作和沟通上同样是一种良好的分析问题和解决问题的方法。

3. 一连串轻率、简单的"为什么"不等于 5 why。

第五节
当我们谈论文写作时都在谈什么——主题篇

> 同学 A 君大学毕业已经 3 年了，却一直找不到合适的工作，原因很简单，没有大学毕业证和学位证。
> 有人问他：别人都有，为啥你没有呢？
> A 君不好意思地说：学位论文答辩时一辩没过，二辩也没过。
> 旁观者惋惜：是因为态度问题吗，还是能力问题？
> A 君汗颜：两者都有吧！每年的学期论文都没好好写过，所以在写学位论文之前一点经验积累都没有，加上后来实习工作太忙，没有办法全心投入写作。想不到啊，我的职场生涯还没开始，就遭遇了一次人生"滑铁卢"……

一、大学里为什么要学习论文写作

党的二十大报告强调"实施科教兴国战略，强化现代化建设人才支撑。教育、科技、人才是全面建设社会主义现代化国家的基础性、战略性支撑。"坚持弘扬科学家精神是做好人才工作的精神引领和思想保证，为广大人才建功新时代注入了强大的精神动力。

第一，取决于大学的角色。

清华大学老校长梅贻琦先生曾说："大学者，非谓有大楼之谓也，有大师之谓也。"意思是指大学是培养精英、人才的地方。经过了小学、初中和高中的学习，学生在接受高等教育时，理应有更高的自我要求,这种要求不仅表现在心智的成熟上,更表现在思考问题的深度和得体表达的能力上。

在大学里,开展公众和一般机构无法胜任的基础研究,是培养人才的重要途径。作为高等学府来说,有着其他等级学校和社会机构无法比拟的优势:

首先,大学汇聚了大量学科领域的专家和知识分子,他们为培养社会所需要的人才提供了最有力的保障。

其次,大学独立的环境、专业及先进的设备,为培养人才提供了基础条件。为了满足科研的需要,大学的环境都比较好,设备都比较先进,目的就是解决师生的后顾之忧,在教学和学习之外能有足够的保障做科学研究,为社会做出更大的贡献。

最后,培养人才的最终目的是服务社会,分享知识,解决问题。

所有经过大学培养的人才最后都要走向社会,接受社会的检验,用所学知识和获得的能力来服务社会。各行各业的人在自己的岗位上通过本职工作来检验所学、分享知识,将理论和实践相结合,用理论来指导问题解决,用实践来验证理论的真伪。

第二,论文有其他文体写作所不具备的作用。

首先,论文属于理性写作的一种,可以有效地检验一个人的思维深度、知识面的广度与宽度以及语言文字的温度。

其次,培养人才的一个重要方面是培养人的问题意识,论文就是问题研究和论证过程的最佳呈现方式,通过对问题的不断发现、研究和论证,可以总结出一般规律,进一步指导人们的实践和创造。

最后,论文写作是检验学习成果的有效方式。

目前我国本科及以上学生均需要完成毕业设计并通过答辩才能顺利毕业,大多数毕业设计均以论文方式呈现。论文要完整地呈现作者的研究问题、观点、结构框架、论证过程和语言运用,因此是能够比较系统地检验大学所学知识的方法。撰写课程论文的过程,也是专业知识的学习过程,而且是更生动更切实更深入的专业知识学习。

二、论文的分类

依据论文所适用的功能,可以把论文分为以下几种:学位论文、课程论文、竞赛论文、学术论文、会议论文、项目结题书、内部报告和其他类型的论文写作,如图 2-12 所示。

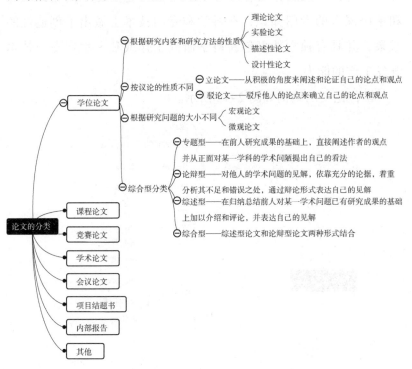

图 2-12　论文的分类(郭子嫣　中国知网)

(一)学位论文

对于大学生来说,最重要的应该算学位论文了。它关系着一个人是否能够顺利毕业,以及毕业时对自己学习过程的评定。国家标准 GB/T 7713.1—2006 对学位论文的定义是:"作者提交的用于其获得学位的文献。"学位论文分为学士论文、硕士论文和博士论文三种,学士论文表明作者较好地掌握了本学科的基础理论、专门知识和基础技能,并具有从事科学研究工作或承担专门技术工作的初步能力。硕士论文表明作者在本学科上掌握了坚实的基础理论和系统的专业知识,对所研究课题有新的见解,并具有从事科学研究工作或独立承担专门技术工作的能力。博士论文表明作者在本学科上掌握了坚实宽广的基础理论和系统深入的专门知识,在科学和专门技术上做出了创造性的成果,并具有独立从事创新科学研究工作或独立承担专门技术开发工作的能力。

学位论文的结构如图 2-13 所示。

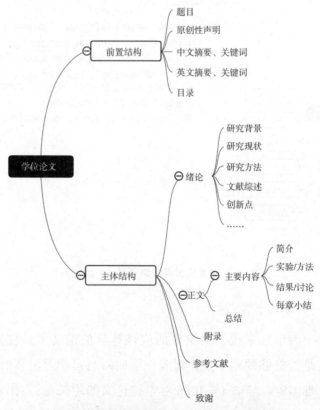

图 2-13 学位论文的结构(郭子嫣 中国知网)

（二）课程论文

课程论文是高等院校学生提交的、有一定学术价值的文章，是对一个阶段学习成果的综合性总结和检阅，是大学生从事科学研究的最初尝试，也是检验学生掌握知识的程度、分析问题和解决问题基本能力的一份综合答卷。

大学里，学生最常进行的论文写作就是课程论文写作了。几乎每个学期，都会有一定科目的考核是通过课程论文的方式进行，学生需在一定时间内提交规定的、合格的课程论文，才能获得相应学分。

大学要求撰写课程论文的目的主要有两个方面：一是对学生的专业知识和综合能力进行一次全面的考核；二是对学生进行科学研究基本功的训练，培养学生综合运用所学知识，独立地分析问题和解决问题的能力，为以后的学习工作打下良好的基础。

课程论文从文体上看属于议论文中学术论文的种类，具有议论文所共有的一般特征，也就是论点、论据、论证是文章构成的三大要素，文章主要以逻辑思维的方式展开，强调在事实的基础上展示严谨的推理过程，得出令人信服的科学结论。

但它与学术论文相比又有自己的鲜明特点。

第一是习作性。课程论文的写作是对所学专业基础知识的运用和深化，大学生撰写课程论文就是运用已有的专业基础知识，独立进行初步科学研究的活动，进一步了解、分析，甚至是解决一个理论问题或实际问题，把知识转化为能力的实际训练，它实际上是一种习作性的学术论文。

第二是层次性。课程论文与学术论文相比要求比较低。

课程论文的写作结构如图2-14所示。

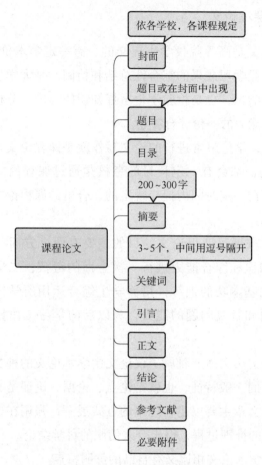

图 2-14 课程论文的结构

大学生通过大量的课程论文练习可以为将来的学位论文和学术论文写作打下良好的基础。

(三)学术论文

学术论文是一种具有创新性的科学研究成果的记录,它是人类知识宝库的基本单元,是某一学术课题在实验性、理论性或观测性上具有新的科学研究成果或创新见解和知识的科学记录,或是某种已知原理应用于实际中取得新进展的科学总结,用以提供在学术会议上宣读、交流或讨论，或在学术刊物上发表，或做其他用途的书面文件。其写作结构如图 2-15 所示。

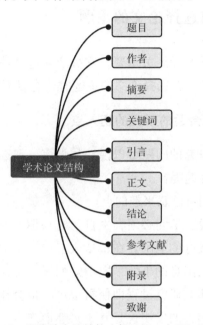

图 2-15　学术论文的结构（郭子嫣　中国知网）

三、学位论文、学术论文的区别

（1）学位论文为了说明作者的知识水平和研究能力，会对研究课题的研究历史、研究现状、研究方法和研究过程进行较详细的介绍。大多数的学术论文都是直切主题，开门见山。一般只在引言部分简单描述主题的背景，以注释或参考文献的方式列出。

（2）学位论文对具体的计算、实验以及推导等过程书写较为详细；而学术论文一般只写出计算、实验、推导的主要过程和结果。

（3）学术论文是为尽快公布研究成果，强调文章的学术性和应用价值，而学位论文比较强调文章的系统性和完整性。

简单来说，这两种写作都属于学术论文写作，只是我们针对不同的场景和用途会选择不同的论文进行写作。

四、如何选择论文的主题

论文主题的选择至关重要，它决定着论文的研究方向、研究空间和研究价值。在选择论文的主题时，有以下几点需要考虑：

（一）找到合适的研究的切入点

可供学术研究的问题可以说浩如烟海，那么如何选择适合自己的有价值的主题呢？

首先，找到自己感兴趣的点。

莎士比亚说：学问必须合乎自己的兴趣，方可得益。爱因斯坦说：兴趣是最好的老师。在很多人心中，学术研究是一个又高深、又枯燥、又困难的事情，岂不知如果一个人对一个问题产生浓厚的兴趣，那么研究过程即使再艰难，也会让人甘之如饴。自古以来，许多伟大的发明也是基于兴趣而产生。在学术研究的过程中，只要作者自己有兴趣，就会有动力、想办法查找文献，梳理材料，论证观点，输出理论，整个过程虽然艰难，但会有非常强烈的成就感。反之，为了研究而研究，就像戴着镣铐跳舞，不但产生不了好的作品，还会彻底厌倦学术。

其次，以专业知识为切入口。

大学生在校期间会深入学习自己的专业知识，毕业以后也会进一步实践，使理论知识转化为能力。因此，可以就专业领域的一个自我感兴趣的点进行研究。最好这个点是有趣的，而且是这个领域内的重要方面，因为凡是不能给人们带来价值和深思的内容研究的意义并不大。

最后，善于观察和联想，找到与自己内心最契合的点。

万事万物都是相互联系的，包括学科知识之间也并不是壁垒分明。我们在学习、工作和生活中，会通过各种偶然的途径引发进一步研究的兴趣。比如读了一则新闻，阅读了一本书，看了一场电影，甚至在与人谈话的过程中都会激发我们对某一个现象或者问题产生兴趣，会进一步借助专业知识和文献来进行研究和论证，往往这样的研究也会产生意料不到的效果。

（二）建立在前人研究的基础上

论文的主题选择最好是建立在前人研究的基础之上，反过来说，在研究领域尚处于空白的问题，往往无法证明其真伪。通过学习前人研究的成果，可以寻找到关于这个问题目前还有哪些是未被研究的，你的研究空间有多大，同时前人的研究成果也给你提供足够的佐证材料。这也是文献学习的重要性。

（三）目标越小越明确越好

写文章有"大而无当"之说，也就是说选题范围如果太大，你往往不知道自己要往哪个方向发力，结果什么都是泛泛而谈，读者不知道你的主题到底是什么。对于论文写作来说，主题越集中就越好论证，最好在标题上就能显示你的研究问题。

五、写好论文先从选好题目开始

选好论文的题目要把握以下几个原则（如图 2-16 所示）：

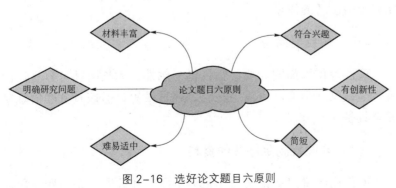

图 2-16　选好论文题目六原则

（一）是否符合你的兴趣

这个前文已有论述。题目往往就代表了论文的选题，作者自己不感兴趣的题目不可能进行深入研究，也不可能写好，读者也不可能认可论文的价值。

（二）避免难度太大的题目

这个难度可以体现在高、精、尖的科技，从来没有接触过的领域，过于深奥和抽象的理论等。尤其对于课程论文来说，本身是一种检验知识学习的方式，在系统性和深刻性上都比不上学位论文，因此，作者可以用严谨的学术写作精神进行写作，但如果题目难度太大，就很难顺利完成。

（三）题目要有创新的余地，要能展示独到的见解和方法

上文说过，论文写作的主题最好建立在前人研究的基础上，但是如果完全重复和照搬别人的研究成果，则论文毫无价值。因此，论文的题目要体现作者自己的创新性和自己独到的见解，才能具有更大的理论价值和发表价值。

（四）题目要能够识别你的研究问题

根据理性写作的要求，最好题目能够透露你的主题，甚至题目本身就是主题，因此，清楚地在题目中写出自己的研究问题更能够吸引读者的注意。

（五）题目要简短

理性写作以简明为要，题目也不例外，太长的题目容易让读者产生歧义。但有一点需要注意，题目虽短，但该具备的信息要完全具备。

（六）要能找到足够多的资料

前面已经说过，论文写作是为了研究和证明一个问题，所以需要足够多的材料支撑，尤其对于学位论文来说，材料的缺乏会

直接导致论文缺乏说服力。

仔细分析以下学位论文的题目和课程论文的题目，体会一下它们为什么是好题目（见表2-3、表2-4）。

表2-3 论文题目示例

序号	题目
1	小学高年级学生课外阅读的厌读成因分析及对策研究——以西安市西一路小学为例
2	小学英语课堂教学中游戏的设计与应用——以西安市曲江南湖小学为例
3	论课前预习对低年级小学语文课堂教学效果的影响——以西安友谊小学为例
4	古典诗词阅读对小学高年级学生语文写作能力的影响研究——以西安市长安区郭杜街道中心小学为例
5	小学高年级学生古典诗词诵读现状分析及对策研究——以西安市长安区第一小学为例

（来源于西安欧亚学院小学教育专业部分学生学位论文）

表2-4 通识课程论文题目示例

序号	题目
1	朝圣道路上孤独的行进者——《百年孤独》之孤独探析
2	论21世纪商业化艺人——从伶人概念的古今演变谈起
3	浅析爱新觉罗·溥仪的悲剧根源
4	女性手游消费现状研究
5	从社会背景解析《傲慢与偏见》婚恋观
6	茶道的重现——古镇羊楼洞的发展
7	国潮服饰品牌自信建立仍任重道远
8	浅析网络游戏体现的文学性——以手游《楚留香》为例
9	论现实中网络暴力的产生及其危害性
10	从小说到影视的人物情节加减法研究——以《倾城之恋》为例
11	原生家庭——因为有你，我的世界有了黑暗
12	经典影视翻拍热潮下的冷思考

续表

序号	题目
13	部分青少年网游成瘾原因分析报告
14	改革开放以来国产电影的商业化变革思辨
15	校园快递接收点的拥堵问题及其策略研究
16	"00后"大学生幸福指数研究分析
17	汉文化的传承保护——汉服运动
18	网络语言对写作的影响及应对措施
19	由新冠疫情看东亚集体主义传统对比欧美新自由主义风气之优势
20	浅析现代性别歧视现象
21	浅析比利·怀尔德黑色电影的艺术特色——以《控方证人》为例

（来源于西安欧亚学院首届通识课程论文大赛获奖论文）

小贴士

如何写好新媒体写作的标题？

新媒体写作是现代社会非常重要的写作类型，标题的优劣直接决定文章的打开率和转发率，以及连带所产生的流量及其他效益。下面是几个写好新媒体写作题目的结构：

1. 数字型

数字具有非常直观的效果，能够有效引起读者的关注。最好以数字形成对比。

2. 悬念型

这种标题的特征是在标题中给读者留下一个悬念，让人禁不住打开文章想要一探究竟。比如《如果发现男生表现出这六种特征，千万别犹豫，他一定是爱你的》。

3. 金句型

这种标题的特征是往往标题本身就是一句金句，或者能引人深思，或者能够让读者产生共鸣。比如《我听过了那么多道理，依然过不好这一生》《男人的眼睛往往比嘴巴真实》。

4. 权威型

这种标题往往会以祈使句的方式出现，带有很强的作者的主观色彩。比如《相信我，阅读和写作同等重要》《别傻了，他不爱你》《你还不懂吗？比金钱更宝贵的是时间》。

5. 对比型

顾名思义，这种标题中要包含有对比的因素，以产生强调和反差效果。比如《我读了100本书，总结出这一个底层规律》《如果1 000个人心中只有1个哈姆雷特的话》《迷迷糊糊过365天，不如明明白白过一天》。

6. 借势型

即借助某一类权威人物，或者具有热点性、争论性的人物，以及当下最热的事件、新闻、电影等来吸引读者的标题。比如《王健林：先完成一个亿的小目标》《马云：梦想还是要有的，万一实现了呢？》《〈少年的你〉：谁的青春不曾有伤痛？》

总之，新媒体写作时代，写好文章标题能够快速吸引读者注意，并为自己带来口碑，即影响力，但要牢记一点：内容为王。如果内容和标题一点关联都没有，纯粹为了标题而标题，那就是不折不扣的标题党了，长此以往，不但对写作无益，而且不利于个人品牌的塑造。

六、资料链接

王汎森院士：怎样写一篇优秀论文，掌握这9点就够了！（节选）

我在念书的时候，有一位欧洲史、英国史的大师Lawrence Stone，他目前已经过世了，曾经有一本书访问十位最了不起的史学家，我记得他在访问中说了一句非常吸引人注意的话，他说他英文文笔相当好,所以他一辈子没有被退过稿。

因此文笔清楚或是文笔好,对于将来文章可被接受的程度有举足轻重的地位。内容非常重要,有好的表达工具更是具有加分的作用,但是这里不是讲究漂亮的风格,而是论述清楚。

一、尝试接受挑战,勇于克服

研究生如何训练自己?就是每天、每周或每个月给自己一个挑战,要每隔一段时间就给自己一个挑战,挑战一个你做不到的东西,你不一定要求自己每次都能顺利克服那个挑战,但是要努力去尝试。我在求学的生涯中,碰到太多聪明但却一无所成的人,因为他们很容易困在自己的障碍里面。

二、论文的写作是个训练过程,不能苛求完成经典之作

各位要记得我以前的老师所说的一句话:"硕士跟博士是一个训练的过程,硕士跟博士不是写经典之作的过程。"我看过很多人,包括我的亲戚朋友们,他之所以没有办法好好地完成硕士论文,或是博士论文,就是因为他把它当成在写经典之作的过程。

不一定要刻意强求,要有这是一个训练过程的信念,应该清楚知道从哪里开始,也要知道从哪里放手,不要无限地追下去。当然我不是否认这个过程的重要性,只是要调整自己的心态,把论文的完成当成一个目标,不要成为一种心理障碍或心理负担。

不过切记不要把那个当作终极目标,因为那是自然而然形成的,应该要坚定地告诉自己,所要完成的是一份结构严谨、论述清楚与言之有物的论文,不要一开始就期待它是经典之作。

一个旧书店的老板精熟每一本书,可是他就是永远无法完成他梦幻般的学位论文,因为他不知道要在哪里放手,这一切只能成为空谈。

三、论文的正式写作

1. 学习有所取舍

到了写论文的时候,要能取也要能舍,因为现在信息爆炸,

可以看的书太多,所以一定要建构一个属于自己的知识树,首先,要有一棵自己的知识树,才能在那棵树上挂相关的东西。

但千万不要不断地挂不相关的东西,而且要慢慢地舍掉一些挂不上去的东西,再随着你的问题跟关心的领域,让这棵知识树有主干和枝叶。然而这棵知识树要如何形成?第一步,你必须对所关心的领域中有用的书籍或是数据非常熟悉。

2. 形成你的知识树

我昨天还请教林毓生院士,他今年已经七十几岁了,我告诉他我今天要来作演讲,就问他:"你如果讲这个题目你要怎么讲?"他说:"只有一点,就是那重要的五六本书要读好几遍。"因为林毓生先生是海耶克,以及几位近代思想大师在芝加哥大学的学生,他们受的训练中很重要的一部分是精读原典。

这句话很有道理,虽然你不可能只读那几本重要的书,但是那五六本书将逐渐形成你知识树的主干,此后的东西要挂在上面,都可以参照这一个架构,然后把不相干的东西暂放一边。

3. 掌握工具

在这个阶段一定要掌握语文与合适的工具。要掌握一门外语可以非常流畅地阅读,要学习另外一门语言至少可以看得懂文章的标题,能学更多当然更好,但是至少要有一门语言,不管是英文、日文、法文……一定要有一门语言能够非常流畅地阅读相关书籍,这是起码的前提。

一旦这个工具没有了,你的视野就会因此大受限制,因为语言就如同一扇天窗,没有这扇天窗你这房间就封闭住了。为什么你要看得懂标题?因为这样才不会有重要的文章而你不知道,如果你连标题都看不懂,你就不知道如何找人来帮你或是自己查相关的数据。

其他的工具,不管是统计或是其他的任何工具,你也一定要多掌握,因为你将来没有时间再把这样的工具学会。

4. 突破学科间的界线

应该要把跨学科的学习当作一件很重要的事，但是跨学科涉及的东西必须对你这棵知识树有帮助，要学会到别的领域稍微偷打几枪，到别的领域去摄取一些概念，对于本身关心的问题产生另一种不同的启发，可是不要泛滥无所归。

为什么要去偷打那几枪？近几十年来，人们发现不管是科学或人文，最有创新的部分是发生在学科交会的地方。为什么会如此？因为我们现在的所有学科大部分都在西方19世纪形成的，而中国再把它转借过来。

在平台本身、在学科原本最核心的地方已经探索太多次了，因此不一定能有很大的创新，所以为什么跨领域学习是一件很重要的事情。

常常一篇硕士论文或博士论文最重要、最关键的，是那一个统摄性的重要概念，而通常你在本学科里面抓不到，是因为你已经泡在这个学科里面太久了，你已经拿着手电筒在这个小仓库里面照来照去照太久了，而忘了还有别的东西可以更好解释你这些材料的现象，不过这些东西可遇而不可求。

5. 论文题目要有延展性

对一个硕士生或博士生来说，如果选错了题目，就是失败，题目选对了，还有百分之七十胜利的机会⋯⋯选对一个有意义、有延展性、可控制、可以经营的题目是非常重要的。

我的学生常常选非常难的题目，我说你千万不要这样，因为没有人会仔细去看你研究的困难度，对于难的题目你要花更多的时间阅读史料，才能得到一点点东西；要挤很多东西，才能筛选出一点点内容，所以你最好选择一个难易适中的题目。

我在这里建议大家，选题的工作要尽早做，所选的题目所要处理的材料最好要集中，不要太分散，因为硕士生可能只有三年时间、博士生可能只有五年时间，如果你的材料太不集中，读书或看数据可能就要花掉你大部分的时间,让你没有余力思考。而且这个题目要适合你的性向,如果你不会统计学或讨厌数字,但却选了一个全都要靠统计的论文,那不可能做得好。

6. 养成遵照学术格式的写作习惯

另一个最基本的训练,就是平时不管你写一万字、三万字、五万字都要养成遵照学术规范的习惯,要让它自然天成……因为我们是在写论文而不是在写散文,哪一个逗点应该在哪里、哪一个书名号该在哪里、哪一个地方要用引号、哪一个要什么标点符号,都有一定的规定,用中文写还好,用英文有一大堆简称。

7. 善用图书馆

图书馆应该是研究生阶段最重要的地方,不必读每一本书,可是要知道有哪些书。

不过切记不重要的不要花时间去看,你们生活在信息泛滥的时代,跟我生长在信息贫乏的时代是不同的,所以生长在这一个时代的你,要能有所取舍。我常常看我的学生引用一些三流的论文,却引得津津有味,我都替他感到难过,因为我强调要读有用、有价值的东西。

8. 留下时间,精致思考

还要记得给自己保留一些思考的时间。一篇论文能不能出神入化、能不能引人入胜,很重要的是在现象之上做概念性的思考,但我不是说一定要走理论的路线,而是提醒大家要在一般的层次再提升两三步,概念化你所看到的东西。

真切去了解,你所看到的东西是什么?整体意义是什么?整体的轮廓是什么?千万不要被枝节淹没,虽然枝节是你最重要的开始,但是你一天总也要留一些时间好好思考、慢慢沉淀。

概念化是一种非常难教的东西,我记得我念书时,有位老师信誓旦旦说要开一门课,教学生如何概念化,可是从来都没开成,因为这非常难教。我要提醒的是,在被很多材料和枝节淹没的时候,要适时跳出来想一想,所看到的东西有哪些意义?这个意义有没有广泛联结到更大层面的知识价值。

9. 找到学习的楷模

我刚到美国念书的时候,每次写报告头皮就重得不得了,因为我们的英文报告三四十页,一个学期有四门课的话就有一百六十页,可是你连脚注都要从头学习。后来我找到一个好办法,就是我每次要写的时候,把一篇我最喜欢的论文放在旁边,虽然他写的题目跟我写的都没关系,不过我每次都看他如何写,看看他的注脚、读几行,然后我就开始写。

就像最有名的男高音帕瓦罗蒂唱歌剧的时候都会捏着一条手帕,因为他说:"上舞台就像下地狱,太紧张了。"他为了克服紧张,他有习惯性的动作,就是捏着白手帕。

我想当年那一篇论文抽印本就像是我的白手帕一样,能让我开始好好写这篇报告,我学习它里面如何思考、如何构思、如何照顾全体、如何用英文作脚注。好好地把一位大师的作品读完,开始模仿和学习他,是入门最好的方法,逐步地,你也开始写出自己的东西。

最后还有一点很重要的,就是我们的人生是两只脚,我们不是靠一只脚走路。做研究生的时代,固然应该把所有的心思都放在学业上,探索你所要探索的那些问题,可是那只是你的一只脚,另外还有一只脚是要学习培养一两种兴趣。

你一定要有很大的责任感,去写出好的东西,如果责任感还不够强,还要有一个罪恶感,你会觉得如果今天没有好好做几个小时的工作的话,会有很大的罪恶感。

除非是了不得的天才,不然即使爱因斯坦也是需要很努力的。很多很了不得的人,他只是把所有的努力集中在一百页里面,他花了一千小时和另外一个人只花了十个小时,相对于来说,当然是那花一千个小时所写出来的文章较好。

所以为什么说要赶快选定题目？因为如果太晚选定一个题目，只有一年的时间可以好好耕耘那个题目，早点选定可以有两三年耕耘那个题目，是三年做出的东西好，还是一年的东西好？如果我们的才智都一样的话，将三年的努力与思考都灌注在上面，当然比一年要好。

（本文节选自王汎森先生的演讲，完整演讲请参阅：http://www.360doc.com/content/19/0704/07/32989394_846589833.shtml）

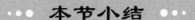

本节小结

针对大学生必须进行的论文写作，本节主要讲述了：

1. 论文写作是大学生必须使用的一种写作类型。

2. 论文写作可以有效地培养学生的理性思维、问题研究和分析、文献阅读和搜集、论证等能力，是培养学生终身学习的重要途径。

3. 学位论文、学术论文和课程论文各不相同，它们在构成、格式、规范及写作要求方面各有特点。

4. 写好论文的前提是有合适的主题，并能够将主题很好地呈现出来。

5. 写好一篇优秀论文从选好一个题目开始。题目要符合有趣、明确、简短、突出研究问题和研究价值等原则。

第六节　轮到你了

（1）分享你在写作过程中最得意的一次经历，请告诉大家，在这次写作中，你是如何提炼主题的，是如何安排主题与其他写作要素的关系的。

（2）推荐几个你知道的包装比较好的主题名称，可以是电影宣传海报名称，可以是书籍宣传主题名称，还可以是文案主题名称等，并试着用一段话来介绍其成功的原因。

（3）假定你认为取消所有大学期间的考试将会更加有利于培养学生的能力，你需要向学校教务处呈上一份报告来阐述理由，请你按照TOPS法则拟写一份报告提纲。

（4）请你利用5 why分析法试着分析每年"双十一"网购狂欢的现象，并针对解决"许多大学生盲目消费"这一问题给出可行性建议。

（5）请分析以下论文的标题是好标题吗？如果不是，请你修改一下。

《试论〈红楼梦〉人物形象》
《礼赞青春》
《论李煜的悲剧人生》
《论音乐种类对人类生活影响的研究》
《人性的贪婪》
《写作与沟通》
《从动物世界中看人性》
《与不确定性共舞》

修改：

第三章

骨——像盖房子一样搭建你的文章结构

> 凡制于文,先布其位,犹夫行阵之首次,阶梯之有依也。
>
> ——梁启超

第三章 骨——像盖房子一样搭建你的文章结构

第一节 立骨的艺术

> "凡制于文,先布其位,犹夫行阵之首次,阶梯之有依也。"梁启超倡导的写作文法一贯主张把布局谋篇放在首位,而把字句末节放在次要地位。可见如果不把要阐述的道理、证明的观点先构思好、安排好,那就只能是文章未成而先毁。

一、立骨的艺术

写作中的立骨相当于人的骨架,骨架是支撑起一个人的根本,如果没有骨架,这个人长得再美丽也没有用。写作也是一样,写作的立骨就是写作的中心,中心明确,是对一切文章的基本要求。可是在平时写作中,中心不够明确的却比比皆是。有的文章就像一堆散沙,没有灵魂,没有骨架,这种文章读者读完了也不明确其中心所在,文章尽是材料的堆砌或是枝杈横生,多头开花,一篇之中几个中心……按理说,中心是文章的灵魂,材料是文章的血肉,一切写作技巧和材料都是为表现中心服务的,缺乏明确中心的文章,就像画一条没有眼睛的龙,即使画得再像也是没有灵魂的,文章的中心没有明确,即使内容再丰富,语言再生动,都是没有意义的。那么,怎样才能使中心显赫明朗呢?

这里介绍一种方法"立骨法",即以精辟深刻、意蕴丰富的只言片语作为"文眼"或"段眼",让其在显要位置上支撑起中心这个灵魂，成为文章的骨架，从而使思路清晰表现，使中心显赫明朗。

立骨的方式，常见的有两种：一是一字立骨——指选用一个字作为文章的中心。二是一句立骨——是以一句耐人咀嚼的话作为文章的"真宰"。

（一）一字立骨

"一字立骨"，就是用一个字来作为文章的灵魂，用这个字来统率文章，锤炼字句。一字立意，突出中心。就是利用一个最恰当的字确立文章主题，点明文章主旨，统率整篇文章，所以在写作时要提炼材料深意，抓取核心内涵，并将它贯穿整篇文章，从另一个高度去谋划整篇文章。这种方法常用在文章立意方面，特别是在散文写作中，要做到形散而神不散，骨就显得尤为重要，散文的内容似乎是比较凌乱而没有条理的，所以必须有一个中心高度概括文章的主旨，一字谋篇，结构文章。常见的文法是"一线穿珠式"，即以一个字为线索，结构全文，如图3-1所示。

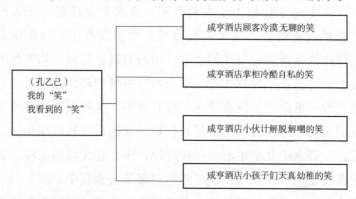

图3-1　孔乙己中"笑"字立骨

古今很多文章经常用到这种立意方法。

例1：欧阳修的《醉翁亭记》，以一"乐"字立骨全篇，整篇文章围绕"乐"字展开，乐是贯穿全文的主线。作者写山水，是抒发"得之心"的乐；写游人是人情之乐；写宴饮，是表达

"宴酣之乐";写鸣声婉转,飞荡林间,显示"禽鸟之乐",更是为着表现太守自我陶醉的"游而乐"。

例2:朱自清的《荷塘月色》起首句"心里颇不宁静",是"立片言以居要,乃一篇之警策"的"片言",后三句紧接着由此自然地破题,点出"荷塘"与"月色"。因为"心里颇不宁静",才想起荷塘,继而夜游荷塘。这个"文眼"设在整篇文章开始,为全文定下了抒情的基调。

例3:苏轼的《留侯论》,以"忍"字立骨,贯穿全篇。开篇提出论点"忍",二三四段圯上老人教"忍",第五段留侯用"忍",第六段驳世俗之见——反衬。用"忍"来组织材料,层层议论,逐步深化,雄辩有力。如图3-2所示。

图3-2 《留侯论》中"忍"字立骨

古人说:"揭全文之旨,或在篇首,或在篇中,或在篇末。"

"一字立骨"就是文章中的一个字在文章中起到画龙点睛的作用。而画龙点睛就是作者对笔下事物的特有发现或独特情感体验,所以在写作时要善于提炼材料精髓,抓住核心,并将它贯穿于整篇文章。文章布局,完全可以在一个字统领全局的基础上,也让这个字在结构上领起全文。

(二)一句立骨

"一句立骨",指用一句话或一段话作为文章的中心,确立文章的骨架和躯干。要做到一句立骨,作者在写文章之前一定要写好提纲,提纲要围绕一个中心去构思,在文章的材料中提炼或者精选一句有高度概括性和极强感染力的话,作为整篇文章的根本,支撑起文章"精神"的骨架,让这句话统领全文。

我在提笔之前,总要给自己提出三个问题:我想写什么,如何写,以及怎么写。
——高尔基,苏联作家

如果把文章的材料比喻为天上的繁星,那么这句话就是皎洁的月亮,所有的星星都是围绕着月亮,使得月亮更加突出、更加明亮。这句话在文中反复呈现,贯穿始终,构成文章的基本骨架,显示行文的思路,凸显全文的情感、观点。采用"一句立骨"方法,能使文章不蔓不枝,思路清晰,中心突出,有回环往复、一唱三叹之风。

在写作中要做到"一句立骨",关键是怎样提炼这一句能够概括中心的话。使用"一句立骨"方法要注意,这一句话要力求生动,有高度的概括性,有韵味,有深意,这一句话在文章中要在恰当的时候自然出现,统领全文,这句话必须是文章立意的骨架,是支撑文章所有内容的主线。从横向看,这句话能够连接文章的全部内容;从纵向看,这句话使文章层层深入。如三毛的文章《什么都快乐》,就把生活中的琐细芜杂之事,用一句话"不亦乐乎"贯穿在一起,写出了平凡中的趣味。

例4:清晨起床,喝冷水一杯,慢打太极拳数分钟,打到一半,忘记如何续下去,从头再打,依然打不下去,干脆停止,深呼吸数下,然后对自己说:"打好了!"再喝茶一杯,晨课结束,不亦乐乎!

静室写毛笔字,磨墨太专心,墨成一缸,而字未写一个,已腰酸背痛,凝视字帖十分钟,对自己说:"已经写过了!"绕室散步数圈,擦笔收纸,不亦乐乎!

枯坐会议室中,满堂学者高人,神情俨然,偷看手表指针几乎凝固不动,耳旁演讲欲听无心,度日如年。突见案上会议程式数张,悄悄移来折纸船,船好,轻放桌上推来推去玩耍,再看腕表,分针又移两格,不亦乐乎!

……

文章共写了21项"不亦乐乎"的琐事,作者那种对生活达观知足的态度和洒脱自在的情趣跃然纸上。

例5:一句话撑起整个文本。《祝福》一文中,说明"祥林嫂是一个没有春天的女人",理由如下:立春之日,丈夫死去;孟春之日,被卖改嫁;暮春之日,痛失爱子;迎春之日,一命归天。祥林嫂,脸上没有春天的光,骨子里没有春天的气,心里全

第三章 骨——像盖房子一样搭建你的文章结构

是春天的梦,生命里没有春天的缘。

采用"一句立骨"的方法,可以把零散的材料组织成一个有机整体,把纷繁复杂的内容归拢集中到焦点上,从而使文章线索明晰、结构缜密、主旨凝练。但要注意:"一句"要倾情打造,力求生动、凝练而富有意味;"一句"要适时呈现,力求自然、恰当而有意义。

在写作中,认真实践立骨写法的好处。在使用"立骨法"时,我们最好先尝试写提纲,将主旨句与统率各段的中心句写出来,也包括将所联想到的材料用概括性的词语写出来。这样,心中有个围绕中心拟写的蓝图,文章这个"大楼"盖起来就容易多了,就不会横生枝杈或堆砌材料,中心就突显出来。

> 文章体制如各朝衣冠,不妨互异,其状貌之妍媸,固别有在也。
>
> ——(明)袁枚《书茅氏"八家文选"》

••• 本节小结 •••

本节主要说明了写作中立骨的艺术及立骨的方法,在运思时,最重要而且最艰苦的工作不在搜寻材料,而在有了材料之后,将它们加以选择与安排。给它们一个完整、有生命的形式,选择与安排才显出艺术的锤炼刻画……

就像英国小说家斯沃夫特所说,"最好的字句在最好的层次"。找最好的字句要靠选择,找最好的层次要靠安排。(《朱光潜美学文学论文选集》)

文章的骨架,对文章起着至关重要的作用。

第二节
SCQA——让你讲一个好故事

> "自带头条体质"的张家界大峡谷玻璃桥于2016年8月20日开始营业。简直是万众瞩目，堪比春运啊！多少人都眼巴巴地想去看一看。然而，万万没有想到，短短12天后，它竟然被紧急叫停了！为什么？

以上这段文字采用了一种模式：先交代背景，然后抛出一个"然而"，让事情发生了转折，接着提出了问题，引起读者的好奇。

在当前互联网环境下，讲故事的能力被提升到一个从未有过的高度，那我们怎么做才能够吸引读者、听众的注意力呢？大家都知道，好的故事需要打动人的情节，而情节则需要矛盾冲突来推动，这样整个故事才显得百转千回、曲折多姿。

一、为何要用讲故事的形式

读者读你写的文章时，在阅读前，大脑中已存在许多杂乱零散的思想，其中大部分都与你文章的主题不相关，读者只有在感受到强烈的吸引力时，才会愿意暂时放弃其他思想，专注于你提供的信息。

因此，你必须想办法使读者轻易地抛开其他思想，专注于你文章的内容，如何让人对你的文章产生兴趣呢？有一个简单的办法，即利用未讲完的故事所产生的悬念效果。举例说明：

故事1：半夜，两个美国人在一座古怪的城堡中相遇……

故事2：夜深了，家里爸爸妈妈都不在，只有小女儿一个人。

第三章 骨——像盖房子一样搭建你的文章结构

故事3：破碎的象牙——一家出版社铸字间的工作人员死亡了！他到底是谁？死因是什么？

根据以上举例，无论你在读故事之前想什么，读完开头，你的注意力都会被吸引住。因为作者已经将你的思想带到了特定的时间和空间，直到故事的高潮过后。

所以，在写文章时，应当通过向读者讲述一个与主题有关的"故事"，引起读者的兴趣。好的故事都有开头、中间和结尾，相当于引入某种"背景"、说明发生的"冲突"，并提出解决方案。这一模式现已被广泛应用于生活及职场的各个领域。

二、SCQA 序言模式

讲故事的 SCQA 序言模式包含四个要素，如图 3-3 所示。

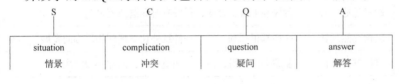

图 3-3　SCQA 序言模式图

（一）情景——situation

情景是对原本稳定状态的描述，即从熟悉的情景说起，即事情发生的背景或事实，比较符合读者的知识、信念、感情和愿望，让读者有认同感。从讲故事的角度说，它是一个原有的"情节"。

（二）冲突——complication

按照《金字塔原理》中芭芭拉·明托对冲突的解释，complication 并不是指一般意义上的"问题"，对于你正在讲的故事而言，它是那个会制造矛盾，同时让你感到紧张不安的因素，即实际和要求有出入，推动情节到转折、高潮的地方，而这一矛

> "为了使主题变得生动，我们从日常生活中取来的某一题材，它本身常常是一种"没有顺序""没有秩序"的东西。我们把它拿来拆散，一如孩童堆砌积木那样，把它试验着堆砌起来，再拆开，再试用另一种方法堆砌起来。"
> ——小林多喜二 国作家

盾会引发读者在心中产生疑问。

所以，complication 是一个推动故事情节发展的因素，它打破了原本稳定的状态，让局面变得混乱复杂，让情节发生反转，它的存在会让你的故事充满张力，同时触发读者心中的疑问，让读者更想继续看下去。好故事的内核往往是冲突，我们可以用一个公式来表达：冲突 = 渴望 + 障碍 + 行动，常见的故事冲突框架见表 3-1。

表 3-1 常见的故事冲突框架

经典故事冲突	简要说明
犯下致命错误	明明知道不对，但因为某种原因，他做了一个错误的选择
小人物的逆袭	起点很低，经常被人嘲笑，但是最后他做到了……
执着追求目标	预期的目标遇到了巨大的挑战，还能坚持完成任务吗
即将遭遇灾难	台风马上就要登陆，村民有时间逃离困境吗
剧情突然反转	一切都很顺利，直到一件意外让事情朝相反方向发展
难以解释事件	业绩突然下滑，没有人知道原因，而你必须解决……

一个让读者产生共情的故事，一定是一个充满冲突的故事，这种冲突和读者在现实生活中的遭遇有强烈的共鸣，这种共鸣一旦得到认可，读者就乐于看到自己想表达的情感通过文章得到了宣泄。

（三）疑问——question

读者头脑中出现的疑问由你提出，用来引导读者思考的方向，或者由冲突引发的疑问特别明显时，也可以隐藏，成为隐性的疑问。

（四）回答——answer

回答读者的疑问，就需要提供解决方案。

这个环节是对以上疑问给出的答案，既然冲突（C）会引发疑问（Q），那么这些疑问最终是如何被解答的呢，这是故事进展中非常重要的一部分。

三、SCQA 的不同风格

（一）标准式：SCQA

标准式如图 3-4 所示。

图 3-4 标准式

这些年，会计资格考试的通过率一直不高。学生们都表示，面临巨大的学习压力，精神濒临崩溃。如何改善这种状况，是摆在教育工作者面前刻不容缓的问题。

对于这种情况，仁和会计学校提出了新的学习方法，通过几年的实践，它能让大学生轻松通过考试。

（二）开门见山式：ASCQ

开门见山式如图 3-5 所示。

图 3-5 开门见山式

仁和会计学校提出的会计学习方法，能让大学生轻松通过会计资格考试。众所周知，过去会计资格考试的通过率一直不高。因此，学生们面临巨大的压力，甚至有人精神濒临崩溃。如何改善这种状况，成了摆在教育工作者面前刻不容缓的问题。

（三）突出忧虑式：CSQA

突出忧虑式如图 3-6 所示。

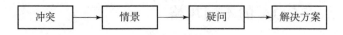

图 3-6　突出忧虑式

如今的学生们因为会计资格考试，精神濒临崩溃。众所周知，目前会计资格考试的通过率一直不高，如何改善这种状况，是摆在教育工作者面前刻不容缓的问题。

对于这种情况，仁和会计学校提出了新的学习方法，通过几年的实践，它能让大学生轻松通过会计资格考试。

（四）突出信心式：QSCA

突出信心式如图 3-7 所示。

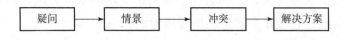

图 3-7　突出信心式

如何提高会计资格考试通过率，是摆在教育工作者面前刻不容缓的问题。这些年，会计资格考试通过率一直不高。学生们都表示，面临巨大的学习压力，精神濒临崩溃。对于这种情况，仁和会计学校提出了新的学习，通过几年的实践，它能让大学生轻松通过考试。

对文章序言的讨论能够使大家认识到序言部分的重要性，正如从以上例子中了解的那样，好的序言所起的作用不仅仅是吸引并保持读者的注意力，还能够影响读者对文章的理解。

讲故事能够使读者感到作者得出结论的逻辑必然是正确的，进而减少读者对文章随后的思路提出反对意见。讲故事还能够使读者感受到作者的关心，希望读者能清楚地理解"背景"，能够

> 我写作，为了使我的朋友们更爱我。
> ——加夫列尔·加西亚·马尔克斯，哥伦比亚作家

透过叙述性的"故事"看到其代表的事实。讲故事所遵循的整体模式如图 3-8 所示。

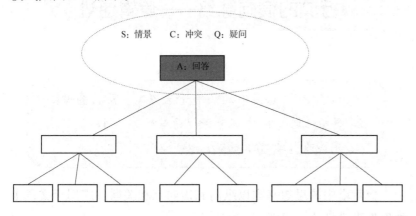

图 3-8　SCQA 整体模式

••• 本节小结 •••

　　本节主要讲述了如何讲一个好故事——SCQA 模式，用讲故事的形式，是为了让读者抛开复杂的思想，专注于你的话题。SCQA 模式有助于激发读者兴趣，吸引其注意力，使其觉得新奇、有悬念，感觉话题与本人相关。在写作中，我们需要讲故事，因为人对故事的印象最深刻。

第三节
行文的横向脉络——逻辑递进

> 古人云:"谋篇布局须有千岩万壑、层峦叠嶂之观,不可一览而尽。"文章若能精心布局,创新框架结构,定能吸引读者的注意力。

金字塔中的思想基本以纵向和横向互相关联。应用于文章中的思想也遵循这一规则:

纵向——文章中任一层次的思想必须是下一层次思想的概括。

横向——同一逻辑范畴的信息必须按照一定的逻辑顺序进行排列。

这节重点介绍文章的横向关系。

顺序是一个中性词,一般呈现出两种状态:有序和无序。"有序"体现的是层次分明,条理清晰;"无序"体现的是杂乱无章,缺乏系统性。

人们在接收信息时比较偏向于"有序"原则,是一种认知习惯。比如,语文课老师教说明文、记叙文、议论文时,都各自有一套写作顺序。数学课做计算题时,要遵循运算顺序。历史课则是按照历史发展的时间顺序,还有空间顺序等。"有序"更容易让对方准确理解自己的观点和思想。

把"有序"应用于写作中,文章的组织思想基本遵循4种逻辑顺序:

- 演绎顺序——大前提,小前提,结论;
- 时间(步骤)顺序——第一,第二,第三;
- 结构(空间)顺序——船头,船尾,船背;

> 在安排字句的时候,要考究,安小心,如果你安排得巧妙,家喻户晓的字便会取得新义,表达就能尽善尽美。
> ——贺拉斯,古罗马诗人、批评家

- 程度（重要性）顺序——最重要，次重要，等等。

一、演绎推理

所谓演绎推理，是指从一般性的前提出发，通过推导即"演绎"，得出具体陈述或个别结论的过程。演绎推理的逻辑形式对于理性的重要意义在于，它对人的思维保持严密性、一贯性有着不可替代的校正作用。如图 3-9、图 3-10 所示。

演绎推理也可以是以下步骤：
- 指出出现的问题或存在的现象；
- 探寻产生问题的根源、原因；
- 提出解决问题的方案。

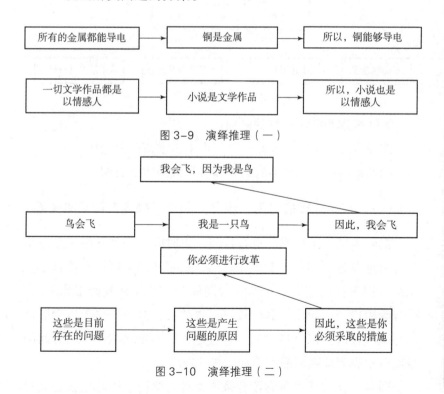

图 3-9　演绎推理（一）

图 3-10　演绎推理（二）

二、归纳推理

所谓归纳推理，就是从个别性知识推出一般性结论的推理。注意到不同的事物（思想、事件、事实）具有共性、共同点，然后将其归类到同一个组中，并说明其共性，归纳推理是从特殊到一般的过程，如图 3-11 所示。

归纳推理有助于发现新事实，获得新结论，提供研究方向。

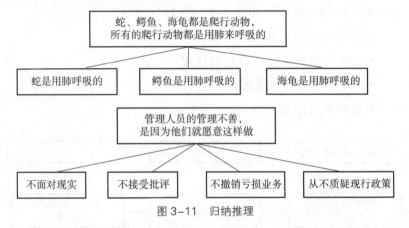

图 3-11 归纳推理

演绎推理与归纳推理的区别：

演绎推理——第二点是对第一点主语或谓语的论述。

归纳推理——同组中的思想具有类似的主语或谓语。

（一）归纳推理的时间（步骤）顺序（确定前因后果关系）

按照事情发生的先后进行排列，以时间顺序展开的工作总结都是由远及近。如：年度工作总结，从年初到年尾；某项目工作总结，按项目的前期、中期和后期展开；产品开发的工作总结，可分为阶段一、阶段二和阶段三。再如：在介绍历史上以少胜多的经典战役时，以巨鹿之战、官渡之战、赤壁之战……从时间的维度分出先后关系的顺序。如图 3-12 所示。

同时，在文章中告诉读者采取某种行动时，你必定认为通过这种行动会产生某种预想的特定效果。你首先要确定希望取得的效果，然后指出为取得这一效果必须采取的行动。

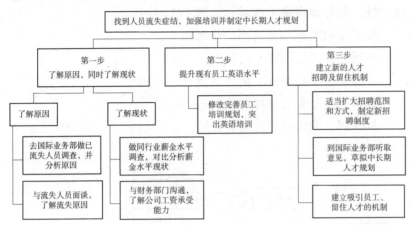

图 3-12　归纳推理的时间（步骤）顺序

（二）归纳推理的结构（空间）顺序

将整体分割为部分，或将部分组成整体，这些部分或要素之间往往是平行并列的关系。排序原则的选择没有定式，如何选择取决于实际环境的需求和表达目的。同样的对象，表达重点不同，采取的顺序也就不同。如图 3-13 所示。

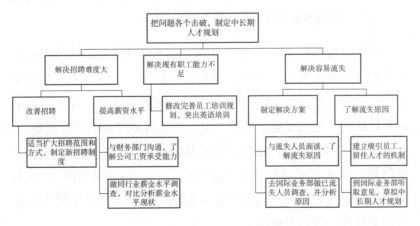

图 3-13　结构（空间）顺序

写文章要讲逻辑。就是要注意整篇文章，整篇说话的结构，开头、中间、尾巴要有一种关系，要有一种内在的联系，不要互相冲突。

——毛泽东

将整体拆解一般要符合 MECE（mutually exclusive collectively exhaustive，意为"相互独立，完全穷尽"）原则，相互之间具有排他性，整体而言毫无遗漏，如图 3-14 所示。

使用 MECE 原则所遵循的步骤如下：

步骤一：确认问题（边界）；

步骤二：寻找 MECE 的切入点；

步骤三：分类可否再细分；

步骤四：确认是否遗漏或重复。

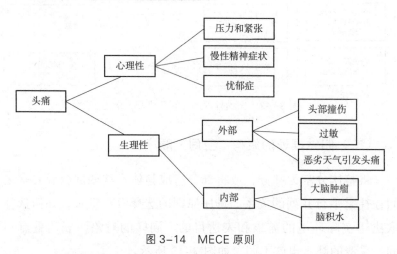

图 3-14　MECE 原则

（三）归纳推理的程度（重要性）顺序

将类似事务按重要性归为一组，或按事务轻重缓急的程度进行排列。一般会用到"首要工作是……其次……最后……"这样的表达方式（如图 3-15 所示），即从重要到次重要，或从大到小的顺序排列，这就是程度顺序，也称为比较顺序或重要性顺序。

了解了以上知识，你可以随时从某一思想开始构建你的金字塔结构，并在需要时加入其他思想（向上、向下或横向）。以上顺序既可以单独使用，也可以综合使用，但是每一组思想中都必须至少存在一种逻辑顺序。

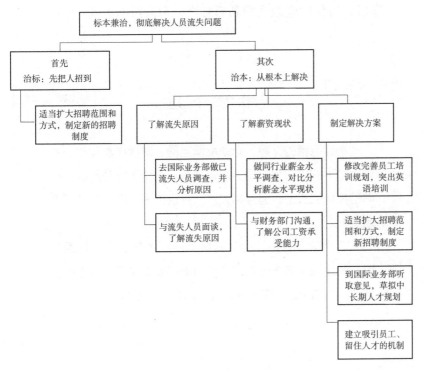

图 3-15　程度（重要性）顺序

一般来说，写作中文章起头最难，因为起头是选定出发点，以后层出不穷的意思都由这出发点顺次生发出来，如幼芽生发出根干枝叶。文章只有生发，才能成为完整的有机体。所谓"生发"，是上文意思生发下文意思，上文有所生发，下文才有所承接。文章无论长短，一篇须有一篇的主旨，一段须有一段的主旨。主旨是纲，由主旨生发出来的意思是目。纲必须能领目，目必须附丽于纲，尊卑就序，然后全体自能整一。

大多数人在写作时经常忽视对"顺序"的思考，而"顺序"恰恰是横向关系的体现。恰当准确的顺序能最直接地体现出信息之间的逻辑关系，而缺乏顺序或使用不当顺序，易使读者难以理解内容，甚至产生误解。

所以，写作时应做到顺利而有序，和谐而不紊乱。

> ••• 本节小结 •••
>
> 　　条理清晰的文章，必须能够准确、清晰地表现同一主题思想下的思想组之间的逻辑关系。这些思想分别位于不同的抽象层次上，但互相关联，并且由一个单一的主题思想统领。
> 　　本节重点介绍了行文的横向脉络，在组织文章思想时，演绎和归纳是仅有的两种可能的逻辑关系。掌握以上方法，有助于在写作时创造性地拓展自己的思路。

第四节
行文的纵向谱系——以上统下

> 亮亮是一名客户经理。有一天,一位客户找到亮亮,想要购买一套二手房。交谈中,客户说她比较在升值空间的细节。但亮亮没明白客户的意思,努力地给客户介绍房子的配套设施好,交通方便,开发商靠谱等。然而客户对亮亮的介绍丝毫提不起兴趣,最后跑到另一家房产公司去了。
>
> 在表达时,一般遵循上是论点,下是论据。论据要围绕论点展开,不要轻易偏离。
>
> 请问亮亮的问题在哪儿,该如何组织材料?

以上统下:上一层结论是对下一层信息的概括和总结,下一层信息则是对上一层结论的解释和说明。

以上统下包含三个方向:一是上层对下层的"概括",即不能仅仅罗列信息,还要对这些信息进行总结,得出结论;二是下层对上层的"论证",如果有一个明确的观点,要给出充分的理由和依据对观点形成支撑,做出进一步说明;三是"对应",上下层之间要形成严谨对应关系,而不是各说各的。如图3-16所示。

> 思想是有一条路的,一句句,一段段,都是有路的。
> ——叶圣陶

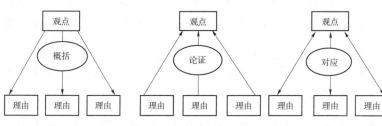

图3-16 以上统下结构

一、概括:"以上统下"体现高效的表达要点

"概括"是我们经常说的一个词语。当我们不能理解对方所说的大量信息时,我们会提出要求:你能不能概括一下你的内容?同学们在面试时,面试官会问:"你能不能概括一下你的优势有哪些?"举例说明:

例1:一个同学概括自己的优势——

(1)出色的业务能力:英语水平出众,跨文化交流能力强。

(2)过硬的心理素质:抗压能力强,乐意接受挑战。

(3)较高的思想觉悟:工作勤恳,责任心强。

概括可以从三个方面来理解:其一,从认知角度说,概括就是站在更高的层次上认知一类事物的共同本质特征及发展规律;其二,从思维角度说,概括就是从个体到普遍,从具体到抽象;其三,从表达角度说,概括就是以简驭繁、化繁为简的语言运用过程。

例2:明代开国之初,朱元璋亲自处理朝政,对公文动辄数千言上万言反感。他对翰林侍读学士詹同说:"古人为文……皆明白易知,无深怪险僻之语。至如诸葛孔明《出师表》,亦何尝雕刻为文?而诚意溢出,至今使人诵之,自然忠义感激。"

《出师表》节选:

先帝创业未半而中道崩殂,今天下三分,益州疲弊,此诚危急存亡之秋也。然侍卫之臣不懈于内,忠志之士忘身于外者,盖追先帝之殊遇,欲报之于陛下也。诚宜开张圣听,以光先帝遗德,恢弘志士之气,不宜妄自菲薄,引喻失义,以塞忠谏之路也……

愿陛下托臣以讨贼兴复之效,不效,则治臣之罪,以告先帝之灵。若无兴德之言,则责攸之、祎、允等之慢,以彰其咎。陛下亦宜自谋,以咨诹善道,察纳雅言,深追先帝遗诏。臣不胜受

恩感激。

今当远离，临表涕零，不知所言。

整篇文风"志尽文畅""简而且尽"。

对于写作表达来说，概括是一种非常重要的能力。以前的语文课上，老师经常训练我们的概括能力，有助于从整体上把握文章的主旨。同时，从信息接收的角度看，概括有利于读者快速有效地获取信息。所以，当通过写作进行书面表达时，也应该合理地运用概括，使文章简明扼要，让读者在很短的时间里就知道作者想要表达的主要观点。

二、论证："以上统下"体现强大的逻辑思维

何为"论证"？论证就是一个说理的过程。如何说理呢？就是拿出一些理由去支持或反驳某个观点。在进行一次完整的论证时应该具备三个核心要素：论点、论据、论证方式。从逻辑学角度解释，论点、论据都是由"概念"组成的"命题"，论证方式则对应的是命题之间的"推理"。

例3：李斯《谏逐客书》一文的逻辑关系，如图3-17所示。

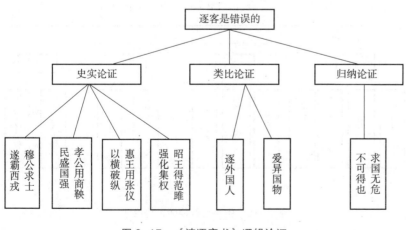

图3-17 《谏逐客书》逻辑论证

当今,有些公共言论显得混乱而充满戾气,公共对话有时缺乏理性,从而转变为相互谩骂指责。有些人的理性思维、逻辑思维处于一个很糟糕的状态,他们渴望说理却不会论证,崇尚科学却缺少理性。一个人说话是否有逻辑,很大程度就体现在他对自己观点的论证过程是否严谨合理。语言表达的逻辑性也反映了一个人的逻辑思维水平。

例4:逻辑思维缺陷——郎咸平有一次在某大学演讲中说,我们的企业不要追求做大做强,大学的高材生就问他:"难道要做小做弱吗?"

这是推论错误,不要追求做大做强并不一定就是做小做弱。这就是典型的二元思维、好坏人思维、非黑即白思维。

在写作表达时,我们可以从三方面对"论证"进行考察和衡量:逻辑、辩证和修辞。逻辑方面:看论证是否符合基本的逻辑规范,是否在逻辑上"有效";辩证方面:看论证是否"全面",是否能从不同角度、立场去思考问题;修辞方面:这时论证就属于一种交流的形式,看是否能通过论证说服对方接受自己的观点。如图3-18所示。

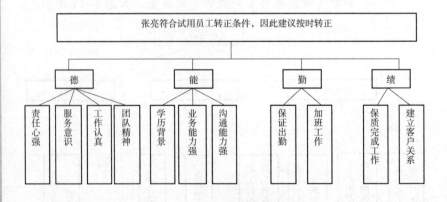

图3-18 张亮是否能转正的论证

三、对应:"以上统下"体现严谨的行文思路

在论证过程中,有一个非常容易被忽视但又频频出现问题的点,就是"上下对应"。

要做到"上下对应",论点和论据必须保持统一性,要在同一个范畴内。对于这一点,古人为我们做了一个良好的示范。如《孙子兵法·始计篇》中一段,如图3-19所示。

例5:兵者,国之大事也,死生之地,存亡之道,不可不察也。故经之以五事,校之以计而索其情:一曰道,二曰天,三曰地,四曰将,五曰法。

道者,令民与上同意也,故可以与之死,可以与之生,而不畏。天者,阴阳、寒暑、时制也。地者,远近、险易、广狭、死生也。将者,智、信、仁、勇、严也。法者,曲制、官道、主用也。

凡此五者,将莫不闻,知之者胜,不知者不胜。

静观默察,烂熟于心,然后凝神结想,一挥而就。
——鲁迅

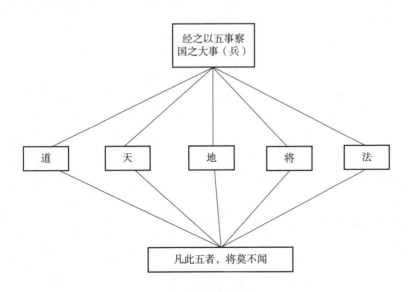

图3-19 《孙子兵法·始计篇》结构

上例中作者首先提出明确观点：战争是国家大事，不可不察，而且要从五个方面体察。然后分别从"道、天、地、将、法"五个方面一一论述。最后，凡此五者，将莫不闻，做了一个总结。这样的顺序安排体现出作者结构清晰的行文布局。

••• 本节小结 •••

　　如果作者传达给读者的思想已经事先进行了归类和概括，并且按自上而下的顺序呈现，读者就能更容易理解作者表达的思想。

　　本节重点介绍了行文的纵向谱系，从三个方面陈述了以上统下的作用和意义。通过纵向联系，你可以引导一种疑问/回答式的对话，从而使读者带着极大兴趣了解你的思路进展。采用纵向联系能够很好地吸引读者的注意力。

第五节
当我们谈论文写作时都在谈什么——结构篇

> 秋叶老师的一个合伙人、"妈妈点赞"的创始人——邻三月，她有个公众号，两年写了3篇文章，她自己说这是一个年更号。
>
> 在写训练营开营之前，秋叶老师说：我要一个榜样，你必须开始日更。
>
> 邻三月：大叔，我每天要写一篇文章啊？我这么忙，写什么好呀？
>
> 秋叶老师说：我给你画个框架，你就写你自己每天在生活中观察到的人和事。按照这个框架，我把它分为身边的人、身边的事和你自己的体验。身边的人可以写家人、朋友和合作伙伴，还可以写私房课、特训营的好学员。将来你成了大号还可以让其他人来投稿。
>
> 邻三月：哇，这么看来，大叔，我可以写好多人呢。每天写一个人，写到3年之后也没有问题了。

一、论文摘要的写作

（一）论文摘要的定义

论文摘要又称概要、内容提要，分为英文摘要和中文摘要，是以提供文献内容梗概为目的，不加评论和补充解释，简明、确切地记述文献重要内容的短文。其基本要素包括研究目的、方法、结果和结论。摘要是在文章全文完成之后提炼出来的，具有独立性和自明性，并且拥有与文献同等量的主要信息，即不阅读全文，就能获得必要的信息。内容完整、具体，使人一目了然。

（二）论文摘要的类型

根据内容不同，摘要可分为三大类：报道性摘要、指示性摘要和报道——指示性摘要，如表3-2所示。

表3-2 摘要的三大类型

报道性摘要 (informative abstract)	指示性摘要 (indicative abstract)	报道-指示性摘要 (informative-indicative abstract)
也称作信息性摘要或资料性摘要，其特点是全面、简要地概括论文的目的、方法、主要数据和结论。通常，这种摘要可以部分地取代阅读全文	也称为说明性摘要、描述性摘要 (descriptive abstract) 或论点摘要 (topic abstract)，一般只用两三句话概括论文的主题，而不涉及论据和结论，多用于综述、会议报告等。该类摘要可用于帮助潜在的读者来决定是否需要阅读全文	以报道性摘要的形式表述文献中的信息价值较高的部分，以指示性摘要的形式表述其余部分

目前，我国期刊上发表的论文，多采用报道性摘要，即包括论文的目的、方法、结果和结论等四部分内容。而毕业论文摘要多是采用指示性摘要的写法，即概括文章的主题和主要内容。在指示性摘要的写作过程中，作者首先对论文的写作背景做简单介绍，然后对文章的主要内容进行简单介绍，最后要对文章的研究意义进行介绍。

（三）论文摘要的作用及意义

计算机和网络技术的迅猛发展为文献检索提供了快捷、有效的手段。各类文献数据库的出现也为现代社会信息交流提供了便利条件，论文摘要可以通过互联网免费查询并下载，使信息的传播更加快捷、更加广泛。读者通过阅读摘要获得题名以外的信息，以补充题名的不足，也可通过阅读摘要了解论文的主要内容。可见，中文摘要的编写直接影响信息传播的有效性，而且对于扩大学术影响力、吸引读者均起着重要的作用。因此，不仅作者要重视中文摘要的撰写，编辑也应注重对中文摘要的加工。具体为：

（1）让读者尽快了解论文的主要内容，以补充题名的不足。

现代科技文献信息浩如烟海，读者检索到论文题名后是否会阅读全文，主要就是通过阅读摘要来判断；所以，摘要担负着吸引读者和将文章的主要内容介绍给读者的任务。

（2）为文献检索数据库的建设和维护提供方便。

论文发表后，文摘杂志或各种数据库对摘要可以直接利用，论文摘要的索引是读者检索文献的重要工具。所以论文摘要的质量高低，直接影响着论文的被检索率和被引频次。

（四）论文摘要写作步骤

学术论文的摘要一般置于题名和作者之后，论文正文之前。

（1）目的 (objective)：简明指出研究的范围、目的、重要性、任务和前提条件，不是主题的简单重复。

（2）方法 (methods)：简要说明研究的基本做法，研究了哪些主要内容，在这个过程中都做了哪些工作，包括对象、原理、条件、程序、手段等。

（3）结果 (results)：简要陈述研究之后重要的新发现、新成果及价值，包括通过调研、实验、观察取得的数据和结果，并剖析其不理想的局限部分。

（4）结论 (conclusion)：简要说明从该项研究结果取得的正确观点、理论意义或实用价值、推广前景。

论文摘要虽要反映以上内容，但文字必须十分简练，内容亦需充分概括,篇幅大小一般限制其字数不超过论文字数的 5%。如一篇 6 000 字的论文,其摘要一般不超出 300 字。摘要要有高度的概括力,语言精练、明确。一般情况下,中文摘要约 300 字,英文摘要约 250 个实词。

(五)论文摘要写作注意事项

(1)摘要中应排除本学科领域已成为常识的内容,切忌把应在引言中出现的内容写入摘要,一般也不要对论文内容做诠释和评论(尤其是自我评价)。

如避免在摘要出现"结果是非常有意义的……""通过……有望在提高……能力,增强我国……总体实力做出更为重要的贡献"。

学术论文的摘要应紧扣学术写作的语言特征,即朴实、直述、紧凑,在摘要编写时不应出现评论。

(2)不得简单重复题名中已有的信息。

比如一篇文章的题名是《几种中国兰种子试管培养根状茎发生的研究》,摘要的开头就不要再写:"为了……对几种中国兰种子试管培养根状茎的发生进行了研究。"

由于综述型论文写作不同于一般类型的学术论文,文章内容十分丰富,涉及面广,摘要撰写存在一定难度。

(3)结构严谨,表达简明,语义确切。

摘要先写什么,后写什么,要按逻辑顺序来安排。句子之间要上下连贯,互相呼应。摘要慎用长句,句型应力求简单。每句话要表意明白,无空泛、笼统、含混之词,但摘要毕竟是一篇完整的短文,电报式的写法亦不足取。摘要不分段。读者阅读摘要的目的是在较短的时间内获得最多的有利用价值的信息。

(4)采用第三人称。

建议采用"对……进行了研究""报告了……现状""进行了……调查"等记述方法标明一次文献的性质和文献主题,不必使用"本文""作者"等作为主语。

如避免以下表述:"本文利用……资料……";"我们发现……"。

不当采用第一人称撰写摘要是中文摘要编辑加工过程中最为常见的问题。由于要客观如实地反映一次文献的信息,在编写摘要时要特别注意需采用第三人称的写法。

(5)使用规范化名词术语,不用非公知公用的符号和术语。新术语或尚无合适中文术语的,可用原文或译出后加括号注明原文。

(6)摘要一般不用数学公式和化学结构式,不出现插图、表格。

(7)不用引文,除非该文献证实或否定了他人已出版的著作。

由于摘要独立成文,尤其是在文献检索系统中,在单独查询摘要时,一般不同时提供参考文献及脚注,这使读者十分费解,也使摘要失去了独立性。

(8)缩略语、略称在首次出现时必须加以说明。要采用法定计量单位,正确使用语言文字和标点符号。

二、论文摘要范文

范文1:"朝向衰微的辩证法":史诗总体性到抒情性——读解卢卡奇《小说理论》

摘要:青年卢卡奇认为早期希腊"史诗时代"的时代精神有助于提供克服现代经验困境的哲学方案。由此卢卡奇在《小说理论》中提出文体形式的"历史-哲学辩证法",分析文学文体自希腊到现代的变迁历程及其哲学动因。卢卡奇用"总体性"(totality)描述史诗及其时代精神的核心特质,并以"本质"与"生活"两大概念间的关系阐释总体性在史诗时代后的衰落乃至消亡。史诗时代的总体性是主客观未经分化的状态，意味着主观与客观、内在与外在、自然与自由的同质性以及不可分割的整体性。伴随着总体性的消亡，代表着主观性、内在性的抒情性（lyricism）成为文学艺术新的主导原则，其滥觞正预示着现代生活的意义危机。

（文章来源：第二届"卿云杯"全国通识课程论文大赛获奖者唐祺林——华东师范大学）

范文2：生命机械与硅基生命的探索

摘要：讨论了传统碳基生命的生命模板，类比构想了一种以硅为模板的生命机械。分析了此类硅基生命在物理化学层面的可行性，并从能量和信息两个角度探讨了可能存在的生命形式。对硅基生命可能带来的工业化革新进行了畅想。

（文章来源：第二届"卿云杯"全国通识课程论文大赛获奖者秦宇润——苏州大学）

范文3：我和谁同桌吃饭

摘要：通过分析比较人与人、人与神、神与神的饭局，得出以下结论：人类的秩序要求同级的公平、阶级的差别，以及对神绝对敬仰；人与神之间存在着不可忽略的距离，人与神之间注定分道扬镳；神与神之间不会因为小事产生永久的矛盾，他们始终高高在上俯视人类。

（文章来源：第二届"卿云杯"全国通识课程论文大赛获奖者徐清羽——中山大学博雅学院）

范文4：书店革命——论独立书店转型之路

摘要：自21世纪以来，独立书店的生存状态一直备受关注，随着近年来热爱阅读与文艺生活的人数快速增长，独立书店的蓬勃发展在功利嘈杂的城市开辟出了一隅安静的精神角落。独立书店在社会不断进步的热潮中有了新的发展方向，它们面临的是一条充满荆棘又充满希望的闯关之路。本文通过对独立书店室内文化空间设计、营销传播策略、多业态创新与商业联盟等方面，浅析独立书店在发展过程中的新形态、新特征与新的营销模式。

（文章来源：第二届"卿云杯"全国通识课程论文大赛获奖者 杨珂欣——西安欧亚学院）

范文5：社交媒体中的头像文化

摘要：移动社交网络不断发展，社交媒体平台成为人们日常生活不可或缺的一部分，各种社交软件和移动载体不断涌现。其中，微信是我国现使用人数最多、使用范围最广的社交媒体软件，而微信头像作为微信使用过程中最直观、最具体的文化符号，往往能反映出微信使用群体的部分特征。因而对于微信头像的选择研究能够促进对社会大众传媒作用的理解和认识。本小组对一百位左右的本校同学展开以微信为例的社交媒体中头像文化的研究。研究采用了图片收集、问卷调查、面对面访谈、数据分析处理等方法，分析不同微信头像反映出的使用者的各自特点，最后得出结论。

（文章来源：第二届"卿云杯"全国通识课程论文大赛获奖者潘晓蕾、吴平、徐昌坤、王维逸——上海交通大学）

三、论文正文的写作

马克思说："最蹩足的建筑师从一开始就比最灵巧的蜜蜂高明的地方，是他在用蜂蜡建筑起蜂房前，已经在自己头脑中把它建成了。"论文写作，要在构思和酝酿的时候，对篇幅和容量、主题、结构、论证方法、表述形式，都要有成熟的想法。

一般来说，写作消耗的时间不应该很长，我们在写论文时多数长时间处于写作阶段而不得结束的情形，主要是由于文献检索阶段的工作不完善，写前没有做好准备。同时，怎样开头，怎样结尾，以及文中重要的段落怎样说明，这些都需在头脑中进行反复思考，只有这样，才可以保证写作论文的速度和质量。

正文是论文的核心部分，占据论文的主要篇幅，是提出问题和解决问题的过程，是作者理论水平和创造能力的集中体现，它决定着论文水平的高低和质量。

正文包括引言、本论和结论。

（一）引言

引言又称引论、前言、序言和导言，用在论文的开头。引言一般以简短的篇幅介绍论文的写作背景和目的、缘起和提出研究要求的现实情况，以及相关领域前人所做的工作和研究的概况，说明本研究和前人工作的关系，目前的研究热点、存在的问题及研究的意义。

引言要求语言简洁扼要、开门见山、短小精悍、紧扣主题，目的是使读者更好地了解全文的旨要。

（二）本论

本论是论文的主体，要求以充分有力的材料阐述观点，条理清晰，逻辑严密，内容扎实、丰厚。本论是表达作者的见解和研究成果的中心部分，要展开论题，对论点进行分析论证。写这一部分必须根据论题的性质正面论证，或反面批驳不同的看法，或解决别人未解决的问题，或论述新思想、新发现等。论证是极其重要的，它决定着论文的成败。

写好本论，应注意：

（1）论点必须明确新颖、深刻严肃。

（2）论点必须有材料的支撑、理论联系实际。

（3）论证逻辑严密、层次分明、语言通畅。

（三）结论

结论应简明扼要地列出本篇论文的核心观点，及应用于实际而得到的结果，要求针对性强、具有对实践的普遍指导意义。同时也可对论文的独到之处、不足之处等进行综合述评或对未来进行展望。

1. 结论文字格式要求

（1）论文的结论要作为正文的最后一章单独写，不加章号。

（2）结论的字数要求一般在 600~800 字。

（3）在结论中只用文字，除了有些数学或化学方面的论文在结论中不得不用数据公式或化学反应式外，一般不用图表和公式。

2. 结论写作内容和类型

结论中一般应阐述以下内容：

（1）本研究结果说明了什么问题，得出了什么规律性的东西，解决了什么理论或实际问题；结论必须清楚地表明本论文的观点，有什么理论背景的支持，对实践有什么指导意义等，要说服力强。

（2）本研究的不足之处或遗留问题。前瞻性说明未解决的问题后续研究(或研究建议)就是作者在完成该论文过程有所思，但尚未彻底研究的领域。研究建议常与不足之处密切相关，包括研究假设、资料收集、研究方法方面的不足之处，可以为后来的研究在该领域进一步完善指明方向。

结论的类型见表 3-3。

表 3-3　结论的类型

分析综合	对正文内容重点进行分析、概括，突出作者的观点
预示展望	在正文论证的理论、观点基础上，对其价值、意义、作用推至未来，预见其生命力
事实对比	对正文阐述的理论、观点以事实做比较，形成结论
解释说明	对正文阐述的理论、观点做进一步说明，使理论、观点更加明朗
提出问题	在对正文论证的理论、观点进行分析的基础上，提出与本研究结果有关的有待进一步解决的关键性问题

3. 结论的常用句型

(1) 以"阐明了……机制""研究了……"或者"为了……"讲述研究目的。注意写出最适合表达目的的动词。

(2) "开展了……",写研究内容和方法。

(3) "结果表明……",讲述研究得出的主要结果。

结论即结束语、结语,是有创造性、指导性、经验性的结果描述,必须建立在一定的理论分析和实验验证基础上。做好结论部分,目的在于方便读者阅读并为二次文献作者提供依据。

四、论文正文写作思路范例

我们以论文写作常用的一个思路为例,即提出问题—分析问题—解决问题,在以规范研究为主的学位论文中一般采用专题研究的形式,对实践中某一典型问题进行深入系统的对策研究,其正文结构,如图 3-20 所示。

图 3-20 论文正文写作思路图

问题提出主要是明确研究主题,界定与研究主题相关的概念,阐述本论文研究的理论价值与应用价值,交代本论文的研究内容、研究思路和研究方法。

现状描述主要包括与研究主题相关的研究文献综述、与研究主题相关的研究实践现状分析,指出目前理论研究和实践操作存在的典型问题,为后续研究指明方向。

理论分析主要是应用相关理论围绕所研究的问题进行深入系统分析,目的在于为后续的解决方案奠定基础。

解决方案是全文的核心,是作者为解决论文所要研究的问题提出的设想或思路,同时展望或说明解决方案的实施效果,目的在于说明解决方案的有效性。

主要结论是对整篇论文的总结,应该鲜明、精练、完整、准确,同时也可指出本文研究的局限性和未来的研究方向。

范例1:正文结构如图3-21所示。

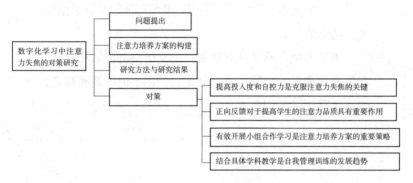

图3-21 《数字化学习中注意力失焦的对策》正文结构

范例2:正文结构如图3-22所示。

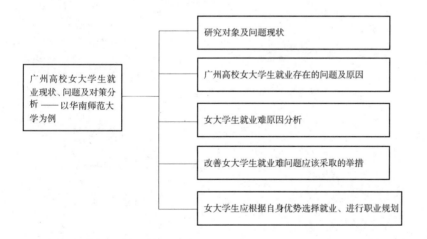

图3-22 《广州高校女大学生就业现状、问题及对策分析——以华南师范大学为例》正文结构

本节小结

在写作论文时,动笔前先要搭建一个框架结构,给自己设置一个注意力的锚点,把自己要写的话题和灵感系统地归纳记录下来。

本节重点介绍了论文摘要及论文正文的构思和写作,帮助写作者在论文写作中达到逻辑严密、论证清晰有力,进一步提升写作技能。

第六节　轮到你了

（1）请判断下面这段话中，SCQA 四要素分别是什么？

"如何在风险可控的前提下，促进业务快速发展？近年来，我公司业务得到快速发展，但随着行业市场分化趋势日益明显，我公司业务面临的风险管理压力日益增加。因此，我们应根据区域特点，确定差异化方针政策。"

S 情景：_____

C 冲突：_____

Q 疑问：_____

A 解决方案：_____

（2）假如你有一个创业的想法，要争取支持，所以需要跟两个人汇报：一是校内分管学生企业的老师；二是风险投资基金管理者。他们的关注点有何不同？如何针对两个不同对象设计谈话内容？

(3)根据自己的论文选题,写出论文摘要。

(4)列出自己论文的正文框架结构图。

（5）试画出电影《长津湖》和电视剧《觉醒年代》的故事逻辑结构。

第四章

肉——像剪裁大师一样剪裁你的素材

  为了使主题变得生动,我们从日常生活中取来的某一题材,它本身常常是一种"没有顺序""没有秩序"的东西。我们把它拿来拆散,一如孩童堆砌积木那样,把它试验着堆砌起来,再拆开,再试着用另一种方法堆砌起来。

——小林多喜二(日本作家)

第一节
为文需时时留心步步留意——素材的收集

人之所以区别于骷髅，就在于骨架上附着有血肉，内里跳动着心脏，活跃着灵魂。一篇文章就像这样，中心思想乃人之魂，文章结构乃人体之骨架，而骨架上的血肉正好比文章的材料。但血肉要正好，方才显得人体好看，太多会显肥，太少会失之于单薄。文章的材料亦如是，太多会显得文章臃肿不堪，太少会显得文章过于肤浅，文章立意无可附着，因此，如何搜集材料、组织材料和正确地使用材料是写作过程中非常重要的一环。

这里首先面对的是从何处搜集写作材料的问题。

一、经验为写作材料的第一来源

叶圣陶先生在《落花水面皆文章》中明确说过："写作材料应该以自己的经验为范围。"写作不是无本之木、无源之水，需要一定的基础做素材来源，这个基础，就是我们的生活。

这个世界每天都在发生着大大小小的事情，但是有的人毫无感知，糊里糊涂过一生，有的人却每天都有新的发现、新的感触。有心的人会将这些看似平淡的事情收集起来，经过加工提炼，再赋予深刻的内涵，生活就变成了艺术。所以，正如大家平日听音乐，听天籁之音时闭上眼睛能看到星空，能感受到微风的吹拂，能听到昆虫的鸣唱，而听《命运交响曲》时也会泪流满面，正是音乐和自己的内心情感产生了契合。又比如画家，一根枯草、一茎枯荷、一间破屋、一只渔舟，无不来自大

> 灵感，这是一个不喜欢拜访懒汉的客人。
> ——车尔尼雪夫斯基，俄国哲学家、文学评论家、作家

> 笔乃心灵之舌。
> ——塞万提斯，
> 西班牙作家

家平日所见，但融入了作者自己的情感之后，也能引得观众的共鸣。写作更是如此，家长里短、市井万象，经过作者艺术化的加工之后便能够成为优秀的作品，究其原因就在于无论是读者还是作者，都有间接的或直接的、共同的生活体验，作品才能打动人心。

因此，大凡优秀作者，在创作时都会有一段生活体验的经历，其目的正在于为作品收集素材，也可以这样说，有了一定的真正的生活经验，作品才会显得真实可信。

二、经验需要提炼，力图正确、深切

并非所有的生活经验都可以作为写作素材出现在作品中，只有那些经过岁月淘洗和多重维度评估，几近正确和真正深切的素材才可以作为题材被作者所用。

这里首先要搞清楚材料、素材和题材三者之间的关系与区别。

凡是可以用来作为写作内容的人、事、物和书本知识，包括经验，都可以叫作材料。

素材是指未经作者加工、尚未提炼的原始材料（生活中的人、事、物和书本知识），它们是感性的、零散的。我们常说的灵感就属于素材的来源。

而题材是指经过作者加工提炼后，对表现主题有用的、写进文章中的内容。无论是素材也好，材料也罢，都必须经过提炼、概括，使之成为题材，才能拿来被文章所用。换句话说，材料是原始的，素材是备用的，题材是入文的。

所以，材料是统称，未加工过的材料称素材，写入文章的材料叫题材，如图 4-1 所示。

第四章 肉——像剪裁大师一样剪裁你的素材

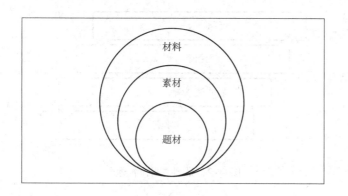

图 4-1 题材、素材与材料关系图

真实的创作灵感，只能来源于现实生活。
——邓拓，现代作家

婴儿也有一定的生活经验，比如他们饿了、不舒服了就会用哭声来引起大人的注意，从而获得关爱。再大一点，会习得一定的技能来进行读书、学习、思考、交流、工作等活动，但是不同的人依然会在同样的事情上呈现出不同的深度和广度。比如同样是看一部电影，许多观众虽然内心非常受震动，但苦于无法表达自己的情感，而学过电影专业的人却可以从电影的情节、美学、镜头运用或其他方面专业地分析，并且很恰当地运用各种途径和表达手法表达自己的观点和思想。在这个维度上，正是学习过程加深了后者的生活经验。再比如，许多成年人总喜欢对少年说，"我过的桥比你走的路都多，我吃过的盐比你吃过的饭都多"，尽管很多时候这句话往往用来形容经验主义者，但不可否认的是一个阅历丰富的人比一个涉世未深的人经验更加可信，因为丰富的阅历正是检验经验的一种方式。

因此，批判性写作追求的应该是这样的途径：由经验出发，再去论证，到总结经验，最后求真，如图4-2所示。

取材不在远，只消在充实的人生之中。
——歌德，德国作家、思想家

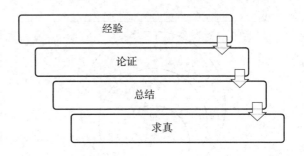

图 4-2 批判性写作的途径

作家应该写他所熟悉的，写他所生活的那个环境。

——安徒生，丹麦作家

三、做"时时留心、步步留意"的有心人

《红楼梦》第三回写林黛玉初进贾府时，"时时留心、步步留意"，唯恐被别人耻笑了去。黛玉事实上留心和留意的正是贾府的各种人物、事物、景物，再将这些信息在心里暗暗进行提炼、归纳之后，最终做出一个相对合理、适当的结论，由此再进一步指导自己的行动。曹雪芹借助黛玉的眼睛让主要人物一个一个出场，并借助黛玉的见闻，一个一个揭示人物的背景、性格，从而使一部鸿篇巨制展开卷首，徐徐呈现在读者面前。

在明确自己的写作目的之后，接下来要开始的就是素材的收集，充分的素材是保证合理编辑和剪辑素材的前提。然而要收集素材虽然可以有多种渠道，比如经验、书本知识、网络媒体等，但如果做不到"时时留心、步步留意"，写作大概会永远停留在镜花水月阶段，便谈不上人们常说的对材料进行"去粗取精、去伪存真、由此及彼、由表及里"的改造过程。这方面可以参考记者、律师等角色，他们一般有敏锐的观察力、深刻的洞察力以及高超的逻辑归纳能力。他们会时刻留意身边的人或事，说不定哪一件在普通人看来再平常不过的一件小事，对于他们来说都是足以震撼世人的素材和线索来源。但这并不是说他们天赋异禀，只

是因为长期以来细致观察、善于思考和分析的习惯，使他们养成了能够将许多看似微不足道的不同事情融会贯通的能力。

总结上文，对于写作的收集材料阶段也可以看作一个倒序的过程：在写作之初，首先要时时留心、步步留意来获取素材；其次，获取素材的最好来源是自己的经验；最后，经验需要进行提炼，直到变得接近真切和深刻才能为文所用。如图4-3所示。

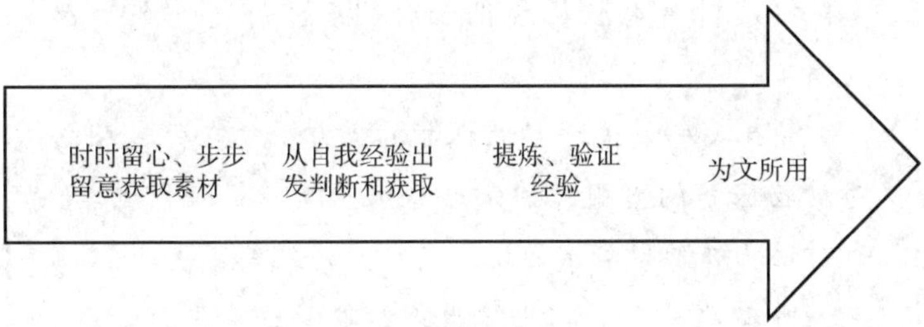

如果作家总是睁着眼睛，那么他从空气中也可以获得小说的素材。从火车上、船上、报刊上、人们的交谈中等许许多多场合都可以获得优秀的小说素材。经过几年的磨炼，观察就自然了，目光自然就会选择有用的东西。

——普列姆昌德，印度近代作家

时时留心、步步留意获取素材 → 从自我经验出发判断和获取 → 提炼、验证经验 → 为文所用

图4-3 写作素材获取及使用流程

本节小结

1. 写作的前提是要有足够的素材。
2. 足够的素材是保证合理剪裁素材的前提。
3. 要用"时时留心、步步留意"的习惯来获取素材。
4. 素材首先来自作者自己的个人经验。
5. 个人经验需要经过分析和验证才能成为真正的题材，才能被文章所用。

第二节
用头脑风暴打开灵感泉源——素材的开拓

> 凯瑞对着电脑已经很长时间了,可是一个字都没写。
>
> 她想写一篇关于动物保护的文章,意在引起人们对动物保护的重视。但是她从来没有养过任何动物,她对动物并不了解,她发现自己无法继续下去。
>
> 所以她关上电脑,拿出纸和笔,然后闭上眼睛,静静冥想。
>
> 脑子中开始出现一幅一幅的画面:
>
> 各种各样的动物,猫、狗……体型大的、体型小的……
>
> 各种各样的人,白人、黑人、黄色人种;老人、小孩、年轻的男女……
>
> 各种各样的动作,亲吻、抚摸、牵手、拥抱……
>
> 各种各样的表情,幸福、孤独、依恋、爱和眼泪……
>
> 还有,猎枪、屠杀、饭桌……
>
> 凯瑞睁开眼时发现面前的纸上画满了各种各样的符号,但每个符号她都记得它的含义,她快速动笔,已经知道自己该怎样写了。

很多时候,写作者在拿起笔的时候就像凯瑞一样,往往并不知道自己该从什么地方开始写,尽管他们已经知道了要表达的对象和目的。这个时候，可以借助头脑风暴来打开思维，罗织材料。

头脑风暴是个很形象的说法，顾名思义，是让头脑在面对一个特定的领域或者主题时无拘无束地产生各种创意，当更多的人参与的时候，其产生的效应完全可能是风暴式的。许多人都以为头脑风暴只适合于团队解决问题，但其实它对打开个人思维同样重要，它类似于当你不知如何下笔时"写就好了"这句话。

写就好了！完全不用管你写出的内容跟主题有多大关系，毕竟只有开始了才可能有完成，完成比完美更重要。

一、在进行头脑风暴之前需要创设一定的环境和条件

在进行头脑风暴时需要以下条件支持：

（1）干净的纸张、黑色的和彩色的笔。这些有助于激发创意，及时记录所思所想，彩色的笔也更能够使创意可视化。

（2）各色各样的即时贴，这些有助于材料整理。

（3）相对不容易受人打扰的空间。这个有助于集中注意力，提高工作效率。

（4）清醒的头脑和创作的欲望。当然，没有了这个一切都是空谈。

二、进行头脑风暴时需要遵守一定的规则

许多人会有误解，认为规则的产生一定会限制点子的产生，或者束缚个体的创造力，其实不然，合适的规则会让事情变得更简单。

要说服自己，你是在捏黏土，不是在刻石雕，写在纸上也是可以修改的，下笔的第一句越蠢越好。反正写出来之后，你也不会冲出去把它打印出来。将它放在一边，然后写下一句即可。

——雅克·巴曾，美国历史学家、散文家

头脑风暴需要遵守下列规则：

（1）充分打开，想法越多越好。

很多人总是追求有用，但凡产生的材料一切都以有用为前提，如果是这样，那么自然就会使材料首先在数量上大大缩减。事实上，判断材料是否有用，一定是建立在材料足够多的基础上，这样，写作者才有可能大刀阔斧地根据主题需要进行删减和调整。另一方面，每一个材料从产生到被抛弃，一定是经历了创作主体的深思熟虑的过程，因此头脑风暴的第一个作用和目的就是创造出更多的有可能成为题材的素材。

需要注意的一点是，最好写下的每一个想法都写在即时贴上，而且字越大越好。

（2）不要戴着有色眼镜去看每一个想法。

这里的有色眼镜是指审查和评判。大多数人在进行创作时心中往往有个预期——预期的方向、预期的内容、预期的效应，所以在激发思维的时候很容易单向思维，一旦产生跟预期目标不同的点子时自己就先予以否定：这个不行，那个更不行。当否定的声音产生得多了的时候，就很容易阻滞思维，最终使思维陷入停顿状态，创作的下一步便无法展开。

（3）大胆接纳不同寻常的想法。

创意写作中很多作品之所以取胜，恰恰在于它们的不循常规。比如玄幻作品、穿越作品等，正是不同寻常、不合常规的想法和设定赢得了读者的好奇心。在一些理性写作中同样如此。因此，不要考虑你的想法靠不靠谱。这些想法可能完全超出预料，甚至不可思议，但是它们当中的某一个有可能非常有用，或者至少能为作者的思考指引方向，更加容易激发创造力。

（4）合并改进想法。

当头脑风暴进行到一定阶段时，便可以进行收尾了。但是因为之前呈现出来的想法都是看似散乱的、没有联系的，这时候便需要用归类合并的方法将所有的想法串成一个有机的整体。

三、合并材料时的方法

这个阶段可以运用之前提到的一些材料：各式即时贴和彩色笔，然后遵循以下步骤：

（1）仔细观察每一个想法，将它们按大概类别贴在不同区域，并且类别之间画出明确的分割线。

（2）仔细斟酌初步分好的类别，想出一个准确的词语来概括，写下这个词语，并将它贴在相对应材料上方。（注意：写下的词语所用的纸张颜色尽量不同。）

（3）根据概括词语，进一步调整下方材料归类。

当进一步审视原始材料和归类词语时，就会发现总有一些是无法对应的，或者彼此之间的契合度比较低，这时候就需要重新调整。

（4）将无法归入任何一类的想法单独归为一类，贴在旁边。

也不要随意扔掉无法归类的卡片，它们也有可能是闪光点和点睛之笔。

经过以上四个阶段后就会发现，本来无从下笔的状态会彻底改变，材料充足、逻辑清晰，再动笔就会事半功倍。

举个例子：

假如你的老板想要在某高校里开一个咖啡厅，现在需要你写一个策划方案，但是你之前完全没有写过类似的文件，又或者对经营咖啡厅完全不懂，就可以采用头脑风暴的方法理清思路。

拿出一张纸来，随便写下大脑中闪现的任何词组（或者场景、句子、人物……），可能会出现以下文字：

你要允许自己有写不好的权利。总得大体上写完，才能开始修改。即便是再妙的句子，你也只能暂时放在那里继续向前写，一直写到最后。到那时，你很有可能会有不同的感受。

——拉里·吉尔巴特，美国编剧

咖啡杯、座位、花、蜡烛、心形、帽子、男生、女生、老师、香味、微笑、放学铃声、1号楼、2号楼……萨克斯、人来人往、蔬菜、牛肉、碰杯、微笑、春暖花开、老板的脸、钱、飞着的传单、电脑、书、等待、落地窗、盆栽……

这些在头脑中闪现的词看起来散乱无比、毫无关联，但是稍加整理就会发现，它们彼此之间可以成为某一个策划方案要素的构成部分，比如：

咖啡杯、座位、蜡烛、心形、落地窗、盆栽、书，这些都跟环境设置有关；

男生、女生、老师，这些都跟客户主体有关；

1号楼、2号楼……跟选址有关；

香味、微笑、萨克斯、花朵，跟氛围有关；

书、等待、帽子，很可能是你心中设想的客户在咖啡厅中呈现的状态，也就是与要达到的效果有关；

飞着的传单、电脑，很可能是你规划的宣传方式和渠道；

春暖花开可以看作时间，也可以看作氛围营造；

老板的脸、钱，不用说了，这一定跟收益有关。

××咖啡厅策划方案思路整理见表4-1。

表4-1　××咖啡厅策划方案思路整理

选址	1号楼	2号楼	……		
客户主体	学生	教师	校外人士		
环境布置	书	桌椅	蜡烛	落地窗	盆栽	其他
氛围	音乐	花朵	香味	微笑		
效果	安静	放松				
宣传方式	宣传单页	网络推送				
开业时间	春天					
盈利	具体测算					

经过这样的整理就会发现，基本上一个策划书所包含的要点已经全部具备，剩下的就是按照归类补充细节了。

因此，头脑风暴是我们创造、收集和组织材料的一个有效的工具，可以利用它进行写作前的准备，也可以从头脑风暴开始写作。值得一提的是，头脑风暴的次数进行得越多越好。

••• 本节小结 •••

1. 头脑风暴不仅适合团队解决问题，也同样适合个人创作。

2. 头脑风暴是在明确写作目标和对象之后开始进行写作的重要一环。

3. 头脑风暴需要一定的条件和规则，不轻易评判、否定是关键。

4. 头脑风暴是一个系列的过程，包括规则制定、创意激发、材料归类和细节补充。

> 真正的虚心，是自己毫无成见，思想完全解放，不受任何束缚，对一切采取实事求是的态度，具体分析情况。对于任何方面反映的意见，都要加以考虑，不要听不进去。
>
> ——邓拓，现代作家

第三节
用思维导图来建造大脑图书馆
——素材的整理与创新

小林一直为自己的记忆力不好而苦恼，看过的东西很快就忘了，直到有一天他看见一本书——《聪明人的一张纸工作整理术》。这本书的内容是讲要高效工作可以使用逻辑化的方法，结合文字和图表将工作整理成一张纸。

小林茅塞顿开，如果我要写一篇文章是不是可以先用一张图的方式整理出我的思路呢？如果我要背诵一个章节的知识点，是不是也可以采用这种方法呢？如果在实习中老板要我去搞一个市场调研，我在写汇报书的时候不是也可以这样做吗？

小林经过尝试，发现许多人都在使用的思维导图的确可以用在许多地方。面对自己记忆力不好的情况，一张思维导图就可以使自己掌握问题全貌，并且每一个细节都可以在纸上体现出来。尤其是在写作方面，写作一直是小林的弱项，向来不知道问题出在哪里。练习了思维导图之后，她发现写作时思维导图可以帮自己明确写作主题，并且在收集材料时可以"按图索骥"，从此再也不会东拉西扯不知所云了。

图书馆一直是最受人们欢迎的地方之一，人们可以在里面尽情享受书香氛围，放松心情，学习知识。但是试想一下，如果图书馆里的书籍摆放非常凌乱，找一本书总是需要很长时间，又或者这本书本应该归在文学类别，但是你费了九牛二虎之力终于在美学类别的书架上找到了，你还会喜欢图书馆吗？

写作是大脑所进行的一项高级活动，需要用语言把思维表现出来。如果大脑中的信息量充足，就会有足够多要表达的内容，反之，则会内容贫乏。但是这些素材需要经过巧妙的剪裁和整合，写出来的文章才会剪裁恰当、布局合理、逻辑分明，反之则会思路混乱、线索凌乱，给人不知所云之感。

可见，写作如同建造一座大脑图书馆，要写好有两个前提：

（1）要占有足够的材料。

（2）要对这些材料进行合理的整理和分析。

在这两个前提下，如果能够对文章素材进行发散性和创新性的思考，文章定会推陈出新，这就需要用到本节课着重介绍的工具——思维导图。

一、思维导图是什么？

20世纪60年代，英国大脑基金会总裁、世界脑力锦标赛创始人、有"世界大脑先生"之称的东尼·博赞先生在研究大脑的力量和潜能过程中发现，像达·芬奇这样伟大的艺术家，都会使用许多图画、代号和连线，包括色彩，通过图文并茂的方式来记录思想，这激起了他研究超级大脑的兴趣，并且终于根据心理学、神经生理学、语言学、神经语言学、信息论、记忆技巧、理解力、创意思考等发明了瑞士军刀式的快速学习与思维工具——思维导图。

说得简单点，思维导图是一种以图像为基础的结构化扩散思考模式，通过分类与阶层化的概念，以树状结构为主、网状脉络为辅的方式，系统化整合资讯。

二、思维导图与写作

东尼·博赞曾说，思维导图可以应用到工作和生活的各个层面，应用到所有需要大脑思考的地方，只要你愿意尝试去用。同

进入你大脑的每一条信息、每一种感觉、记忆或是思想（包括每一个词汇、数字、代码、事物、香味、线条、色彩、图像、节拍、音符和纹路）都可以作为一个中心球体表现出来，从这个中心球体可以放射出几十、几百、几千、几百万只钩子。每只钩子代表一个联想，每个联想都有其自身无限多的连接及联系。你已经使用到的这些联系，可以被认为是你的记忆、你的数据库，或是你的图书馆。当你阅读这些词汇的时候，你可能始终会坚信不疑，即包含在思维之中并阅读着这些东西的就是一个数据处理系统，它比这个世界上所有最先进的计算分析、储存能力加起来还要出色。

——英国教育家、心理学家东尼·博赞《思维导图》

样,思维导图也可以运用到写作方面,利用思维导图,写作将变成一件有趣而容易进行的事情。

上文提到,写作是人类大脑所进行的一项高级活动,而写作的过程就像建造一座大脑图书馆。最新的大脑神经科学研究表明,我们的大脑对信息与资讯的记忆、存储、提取都是通过神经元之间的交互连接实现的。从孩童时期到渐渐长大,人们大脑中的信息越来越多,当多到一定程度时,大脑会自动随着人们的兴趣爱好、特长等,对这些信息进行分类、存储,再加上人类所受的教育、训练,就会形成一些自觉的思维模式。但是有些人的思维逻辑性很强,有些人的逻辑性却很弱,从而造成表达能力上的差异,究其原因,跟使用的思维方法有关。下面具体来看使用思维导图对写作所产生的重要作用。

(一)写作需要借助各种途径收集素材

写作时在确定行文目的和读者对象后,接下来最重要的一环便是收集素材了。素材收集可以通过多种途径,比如人们经常使用的有实地采访、书籍资料查阅、电子信息浏览等,这些原始材料的积累决定了写作过程是否能够顺利进行。收集到的素材越多,最终可供文章选择的余地就越大,反之,写作就变成了"巧妇难为无米之炊",即使勉强完成了,也会觉得索然无味。

(二)利用思维导图对写作素材进行编辑和整理

大家经常会听到"十年磨一剑"的说法,意指通过很长时间的准备完成一部优秀的作品,这个作品或者是一部电影,或者是一部小说,或者是一幅名画,总之,厚积薄发而来的作品无论是作品的内容厚度还是表现形式等,都会优于那些草草而就的作品。

换言之,一部作品在它呈现在观众面前时,必定是经过了无数次的增删修改,其中仅素材整理和结构就是一个巨大的工程量。但是,利用思维导图则可以大大减少这个工作量。

"六项思考帽"思维导图如图4-4所示。

（三）利用思维导图进行写作的优势

1. 思维导图的逻辑性能帮助我们建构写作素材

思维导图的结构类似于大脑神经元网络分布图形。它往往是从一个点或者一个关键词入手，随着研究的深入，逐步扩散开来，最后形成一个相互联系又不断延伸的脉络结构图。这里要注意的是每一个从中心发散出来的分支都代表着一个独立的层次，每一个小分支都在一个大的分支的范畴之下。因此，一张思维导图看起来由很多分支组成，但是总体上又逻辑分明。

图 4-4　《六项思考帽》思维导图（英国博赞思维导图官方认证讲师　杜康儿）

2. 思维导图的发散性能帮助写作者创新写作素材

众所周知，写作是一项创造性的活动，需要作者围绕主题进行大胆想象和创作，发散性思维和创新性思维尤其重要。

思维导图的特征就在于借助色彩、图像、符号、线条，结合文字再现作者的思维。这种可视化极强的方式，相对于单纯的文字表达方式而言，能更高效地调动左、右脑，使它们通力配合，人类的逻辑性、创造性都能够被充分激发出来。

> 传统的看法认为，给人们的教育越多，他们彼此相似的程度就越高，发散性思维却显示，情况刚好相反：给人们的教育越多，不断增长的联想网络就越与众不同。
>
> ——东尼·博赞
> 《思维导图》

随着分支越来越细，人类思维的触角也越伸越远，在搜集素材时的范围便会越来越大，深度也会越来越深。

利用这种发散性思维导图的结构写作时，可以围绕某个关键词进行自由发散，可以从根本上解决不知道怎么写的难题。另外，由于每个人的经历和思维都不一样，所以写出来的作品都有其特殊性。

试看图 4-5 的案例：

可以看到，围绕复利式写作不同的复利类型，定位清楚每一种类型的适合人群、写作特点和写作类型，并沿着每一条脉络往前延伸思维，添加素材，这样既显得作者的思路清晰无比，也会使读者非常容易把握作品的脉络、要点，作者和读者之间很容易形成互动。

你重复思维模式或图谱的次数越多，对它们造成的阻力就越小。因此，重复本身就增大了自我重复的可能性，这一点至关重要。换句话说，"思维事件"发生的次数越多，它再次发生的可能性就越大。

——东尼·博赞
《思维导图》

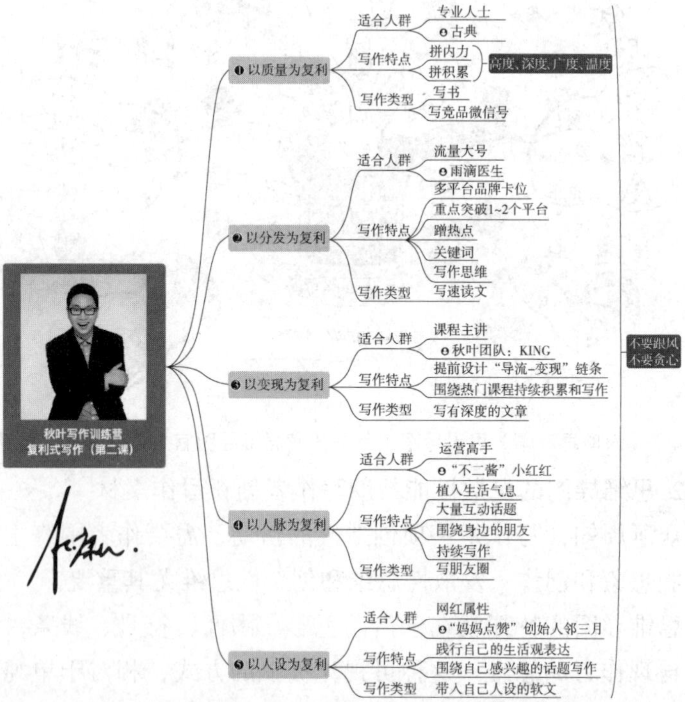

图 4-5 秋叶《写作 7 堂课》 "复利式写作"
（英国博赞思维导图官方认证讲师 杜康儿）

三、资料链接

手绘思维导图的 N 个理由

（1）手绘是掌握思维导图的基础，通过不断地手绘之后，可以快速地在我们的大脑中建立神经连接，慢慢培养一种放射性全面思考问题的习惯和思维模式。手绘的线条会给大脑留下很深的轨迹，这些轨迹就是大脑的电脉冲信号的通道（如图 4-6 所示），如果是电脑绘图，就不会有这样的效果，这是因为电脑绘图时，分支是自动添加的，我们大脑记忆的信号只是按回车键添加分支和插入下一级分支而已。

图 4-6　手绘思维导图更具有可视性
（英国博赞思维导图官方认证讲师　杜康儿）

（2）用电脑绘制思维导图的分支时，我们可以增加很多分支，每一个分支都可以无休止地延伸下去。而手绘会强迫我们做出总结和提炼，在一张纸这个有限的空间中展示更多的信息，用更精练的文字表达清楚我们思考的内容，只保留最关键、最重要的信息在里面。

（3）在团队学习方面，手绘会让参与者有更多的思想碰撞，从而产生更多的创意，有更多的交流，彼此对新的想法和创意的产生过程有更深刻的体验和感悟，人际关系会更加融洽，团队意识更强，成员之间也更有向心力和凝聚力。

（4）手绘能更好地发挥左脑和右脑的功能，让我们的大脑做出更多的尝试，无论是从线条的走向、图案的添加、颜色的运用，还是整体内容的布局，都会促使我们的大脑做出更多的创新性的思考，有利于大脑潜能的开发和运用。

（5）思维导图是大脑思维方式和思考内容最好的呈现方式之一，通过手绘，会让我们的大脑有更多的思考，在不同的内容之间寻找和创造新的连接，而且手绘更符合大脑的思维和记忆模式。手绘过的内容大脑的记忆会特别深刻，而通过电脑绘制的图就没有这样特别明显的效果。

（6）无论采用什么样的思考方式和表达方式，最重要的思考和创造工具是我们的大脑，是对大脑潜能的开发，而手绘的思维导图最符合我们大脑的思考模式和思维方式。更重要的一点是当我们用手绘制思维导图时，可以不再有外在的其他干扰，让我们的大脑全力以赴、集中精力去做一件事，从而成倍地提高工作效率。

（节选自：曲智男.画出你的世界——思维导图实战手册 [M]. 典藏版.北京：电子工业出版社，2017：192-193.）

••• 本节小结 •••

1. 思维导图是一种很有效的结构化的工具。
2. 思维导图几乎可以使用在任何你想要使用的地方。
3. 思维导图可以帮助我们在写作时进行材料收集。
4. 思维导图的发散性特点可以帮助我们创新写作素材。

第四节
削尽冗繁留清瘦——素材的编辑

有一天小曹接到上司交给他的任务：学校准备装修教师休息室，请他给出一个设计方案来。

小曹接到这个任务后很头疼，自己拿出一张纸开始构想。但是想了半天也没有想到点子，于是他干脆扔掉了纸笔。他想，让我设计的是教师休息室，我为什么一直坐在办公室里呢？

接下来小曹做了以下几件事情：

1. 观察现有的教师休息室，发现它们的设备并不陈旧，饮水机是新的，桌椅也是新的，柜子也够用。

2. 课前课后的时候他坐在教师休息室里观察教师们的行动，发现教师们最常做的有以下几件事情：

● 课前，尤其是中午的时候，他们需要休息，但是只能趴在桌子上睡。

● 课中，他们经常和同事聊一聊课程、学生、学校的事情。

● 有时候，有些老师什么都不做，只是静静地望着窗外，但是因为窗边没有凳子，所以只能站着。

● 更多时候，老师们如果等待的时间稍微长一点，会从包里拿出自己带的书阅读。

● 还有，老师们需要找一个地方和学生谈话，但是休息室里各种声音都有，他们缺乏一个安静的空间。

● 小曹假想自己是一个教师，那么自己想要一个什么样的休息室呢？啊，是的，他希望这个休息室可以让自己放松、随意，但又随时可以进入工作状态，他希望自己喜欢这个休息室，而不仅仅把它当作一个

> 不得不来的地方。
>
> 　　做完了这些之后，小曹把这些材料打印出来，然后重新拿起纸笔，用彩笔、即时贴等在里面搜拣重点、勾画涂抹、寻找灵感，结合自己的专业知识，一个集服务性、实用性，追求贴心、温暖、便利于一体的教师休息室方案很快成形。这份方案得到了领导的表扬。

写初稿的过程就像在等待宝丽来照片成像。一开始你看不到，也不应该看到最后成品的样子。

——安妮·莫拉特，美国小说家、散文家

　　像上文的故事一样，有时候我们还需要进行一些比较复杂的写作活动，比如长篇小说、深度调查报告、方案设计、编写工具性的书籍等，对素材的驾驭就显得尤为重要。

　　在进行这类写作之前，一般来说创作者会通过各种各样的途径去收集素材，文章的长度和难度决定了所需素材的数量和深度，因此，创作者可能会通过采访、调查、观察、文献查阅等方法来收集大量的素材，而且收集原始素材的过程有可能会持续很长一段时间。但是，面对这些原始的、散乱的素材，该如何加工从而使它们更好地服务于写作呢？

一、分类——将相同的材料归为一类

　　虽然创作者一开始收集到的素材是散乱无章的，但是它们之间总会有内在的联系，可以初步将这些材料按照相同的属性进行分块，打包在一起，并且分别命名。如果文件不多，最起码建立一个单独的文档。或者在创作者的结构化思维和逻辑性达到一定的水准时，收集材料之前首先按照一定的逻辑建立相应的文件包，然后把收集到的素材一一对应放进去，这样在整理的时候就会更加省力，这在金字塔原理中属于典型的归类分组。

二、重组——按照一定的逻辑结构调整顺序

归类分组看似简单，但是因为每个作者在进行创作时的思维逻辑不一样，以及文章所需的体例不同，对材料的线索组织也会不一样。比如，如果某单位要为成立20周年写大事记，那么一定会按照时间线索来组织材料，这个时候就可以把素材按照公司初创期、发展期、现在和未来规划这样的时间历程来组织（如图4-7所示）。如果学校在招生期间有一批新生和家长来参观校园，作为导游的你有可能按照移步换景的方法向参观者介绍学校，那么在准备素材的时候就需要首先按照空间结构的方法规划（如图4-8所示）。当然，在每一个具体的点上，可能又会涉及更详细的信息，包括发展历程、特点、作用等，这在金字塔原理中又是典型的以上统下了。同样，在进行其他比较复杂的写作时，一样涉及逻辑线索的问题。我们在第一个过程中收集到的素材就像一颗颗独立的珍珠，需要靠这条线索将它们串成漂亮的珍珠项链。

图4-7　按照时间线索组织素材

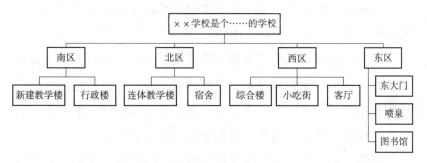

图4-8　按照空间结构组织素材

还有一种更简单的方法，就是列表法。表格的优势就在于条理分明。我们可以将收集到的每一类素材用一个关键词或者一句话归纳，然后把这些词或句子按照顺序集中在一张表上，加上序号。这样等于所有的素材内容都会呈现在作者面前，便于作者整体浏览和思考。当作者明确自己的逻辑结构时，只需要调整素材条目的序号，就可以轻松将原始素材分类重组。某大学生创新创业团队撰写策划书思路调整过程见表4-2。

表4-2　某大学生创新创业团队撰写策划书思路调整过程

序号	素材名称	顺序调整
1	项目背景调研	2
2	预算方案	5
3	项目简介	3
4	可行性分析	4
5	主题创意筛选及拟定	1

三、整合——运用适合的工具和方式对素材进行深加工

是不是将素材重组之后就可以直接进入创作阶段了呢？别急，还需要一个过程——整合。

一般来说，现代人在进行创作时都会使用电子工具，如电脑、手机等，但是对于复杂写作来说，可以采用电子工具加纸质媒介的方式，两者各有各的优势。

对于电脑来说，打字的速度明显快于手写，而且方便反复修改，之前收集的素材也基本上是在电脑里分类存放，再加上时代原因，出版社、单位所要求的稿子都会是电子版的，电子版也很容易打印成纸质版，因此，在创作时一般人会使用电子工具。

但是，纸媒有电子工具永远取代不了的优势，比如阅读时眼

睛的舒适度较高，纸和笔结合是最佳的创作工具，当人们拿起笔时会不自觉地将自己的思维在纸上具象化，思维也更容易充分展开。另外，借助图像、颜色、符号等，更加有利于右脑开发，创造性更高。所以大多数创作者更主张在进行正式写作之前将经过重组的素材打印成纸质稿，然后利用以下方式进行整合：

1. 借助彩色笔、荧光笔等工具整理重点

相对于纯粹黑色的页面，色彩总是能够让人眼前一亮，且让人心情愉悦，因此用彩色笔或者荧光笔标注比较重要的内容，无论什么时候翻起来都会在第一时间引起作者和读者的注意。但是，需要说明的是，并不是颜色越多越好，颜色太多不但不能起到醒目的作用，反而会因为色彩杂乱而扰乱人的视线，让作者自己找不到重点。在一张纸上呈现的色彩种类最理想的就像一个人穿衣一样，最好不超过三种，最多不超过四种，因此市面上三色笔、四色笔很常见。

2. 借助思维导图、线条、圆圈、图画等方式活现原始素材

大多数人随着年龄增长，及功利性的应试、工作等需求，更加注重左脑的使用和开发，但是主管想象力、绘画、音乐、舞蹈、情感等的右脑功能却因为被忽视而日渐退化。左右脑同时开发更加有利于创作，也更加有助于人们在自己所擅长的领域获得成功。像达·芬奇这样的大画家，他的手稿也不是单纯的图画，而是兼具图画、符号和文字，东尼·伯赞正是基于这种研究和设想创制了思维导图。事实证明，思维导图对人们的工作、学习和生活等各个方面都非常有帮助。

因此，面对原始的和经过整理重组的素材，大脑完全可以借助思维导图以及其他思维工具进行二次设计。在这个阶段，大脑更加明白自己需要什么，或者不需要什么。如果你使用的是思维导图的话，最好能够用手绘，因为借助颜色、线条、图画与单纯

为了使主题变得生动，我们从日常生活中取来的某一题材，它本身常常是一种"没有顺序""没有秩序"的东西。我们把它拿来拆散，一如孩童堆砌积木那样，把它试验着堆砌起来，再拆开，再试用另一种方法堆砌起来。

——小林多喜二，作家

的文字比较起来更加能够激发大脑的创作欲望。

因此，借助这个阶段的梳理，创作者更容易明白哪些素材是多余的，需要删除，哪些素材还不够充分，还需要继续收集。同时，也对经过初步加工过的素材进行了二次加工，使它们的结构更加合理、更加有逻辑性。

3.使用高效笔记法分析和加工素材

在对素材进行加工时，我们也可以采用一些高效笔记的方法来促进大脑思考，如经过许多人实践过的"黄金三分法"，就是一种深受学生、职场人士喜爱的方法，如图4-9～图4-12所示。

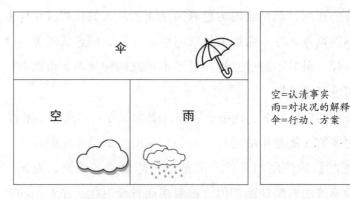

图4-9 麦肯锡公司的"空·雨·伞"三分法

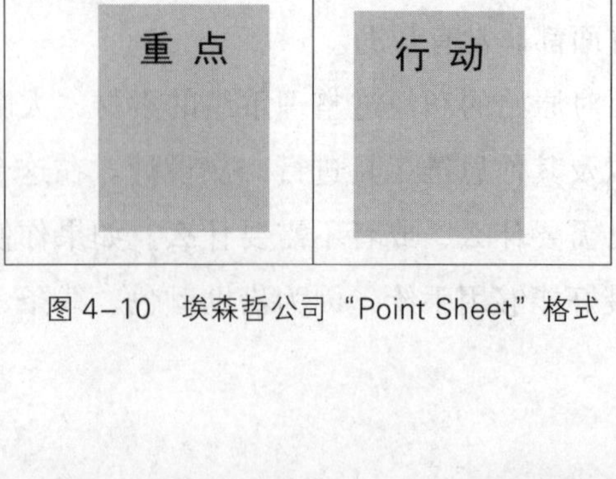

图4-10 埃森哲公司"Point Sheet"格式

图 4-11　康奈尔笔记本

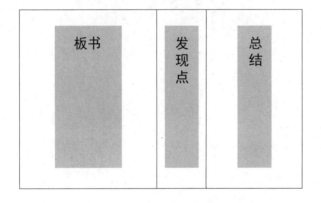

图 4-12　东大录取生笔记本

这些笔记方法形式上大同小异，但是它们都有一个共同的内核，即不仅仅局限于表面现象，而是针对现象能够进一步地发现问题、分析问题，并提出自己的观点，这种方法更加有助于思维的训练，更加有助于找到写作的实质问题。

经过以上三个阶段，素材整理基本上可以告一段落，剩下的就是进行实质性的写作阶段和最后的修改了。

本节小结

在进行写作时，需要收集大量的素材，但这并不是最终结果。需要通过科学、合理的方法来进行编辑，删掉不符合主题需要的材料，留下文章真正需要的。可以遵循分类—重组—整合的过程进行，中间可以借助多数人都在使用的优秀笔记方法来进行整理。

第五节
当我们谈论文写作时都在谈什么——文献篇

王同学辛辛苦苦写了3个月的论文，以为终于熬到答辩了，自己一定可以顺利毕业，想一想就开心到快要飞起来。

没想到导师总是让她拿回去修改，理由是：你的参考文献太少，不足以证明你的研究深度和厚度，以及科学性。

王同学又点灯熬油找文献，进一步修改了论文，本以为这下可以了，想不到又被导师打回来了："你的文献格式不合规范，拿回去重新完善。"

王同学只得又继续完善，心里想："写个论文这么难啊！"

等到答辩那一天，小王顺利通过，而许多同学却绊倒在文献资料上，要么是太少，要么是文献综述没有写好，还有就是文献引用不合规范。

小王心里暗自庆幸，十分感谢导师的严格要求，并且由自身的经历，他想到也许许多同学跟自己一样，在写论文时其实根本不知道文献资料是什么、怎么用。再联想到每学期都要写的课程论文，很多人都是敷衍了事，应付过关，到了写毕业论文的时候依然是没有任何概念。看来，大学里是需要经过关于论文写作中如何收集和使用文献的专门学习的。

由以上王同学的故事可以看到论文写作中文献收集和使用的重要性。

当我们在明确自己的论文写作主题之后,接下来就是进行文献的收集和整理、分析了,并且我们需要学会阅读文献的方法,才能让文献资料真正起到为主题服务的作用。

一、文献的作用

文献有什么作用?

首先,任何一篇学术论文的产生,都是建立在大量材料的收集和研究之上,大脑不可能对这些文献记得那么清楚。因为人类大脑的记忆负荷是有限的,我们需要学会获取信息的方法,并善加利用各种平台、技术,来减少大脑记忆的负担。

其次,高等教育所培养的人才,应具备科学研究的基础。文献材料就是科学研究的基础。

最后,我们在进行科学研究时,一般会继承和借鉴前人研究的成果,也就是说站在前人的肩膀上。这样既可以避免重复研究,节省研究时间和研究成本,同时也可以从前人研究中受到启发,发现研究空白,给自己进一步研究提供坚实的基础。党的二十大报告强调,要"弘扬诚信文化,健全诚信建设长效机制。"而诚信同样也是社会主义核心价值观的重要内容,德才兼备是建设社会主义现代化强国对人才的要求。

二、文献搜集的途径

在信息技术高速发展的时代,我们获取文献的途径有很多,主要集中在工具书、专著、期刊/论文集、电子期刊、数据库和网络等方面,如图4-13所示。

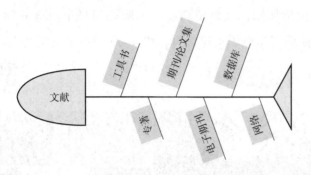

图 4-13　文献来源

文献的质量从高到低依次为：

经评审的 (referred) 国际学术期刊 (journal)；

博士学位论文；

专利；

国际权威机构的报告；

经评审的国际会议 (英文) 论文 (收录于论文集)；

经评审的国内核心学术期刊 (journal)；

公认的好书 (教材 / 研究专著等)；

硕士学位论文；

国际一般期刊或杂志 (magazine) 或书 (book) 或报告 (report)；

经评审的国内会议论文；

国内一般期刊或杂志或书或报告；

本科毕业论文；

报纸 / 互联网。

一般来说，除了图书馆的纸质图书外，大学都会购买一定的数据库和电子资源供师生做学术研究使用，以西安欧亚学院来说，打开官网会发现，学校购买了中国知网、万方、维普、百度文库等 10 余种数据库，师生可以根据自己的研究方向和研究主

"知识的一半就是知道在哪里去寻求它。"

——美国福罗里达州立大学图书馆的座右铭

题需要免费使用,大大便利了学术研究和写作,图4-14为西安欧亚学院图书馆电子资源首页,图4-15为电子资源列表。

图4-14 西安欧亚学院图书馆电子资源首页

图4-15 西安欧亚学院电子资源列表

三、文献检索

文献检索的流程如图4-16所示。

一般来说,在数据库的搜索框里输入相应检索词即可检索出相关文献。以中国知网为例,在图4-17搜索框中输入主题词,即可对应检索。

第四章 肉——像剪裁大师一样剪裁你的素材

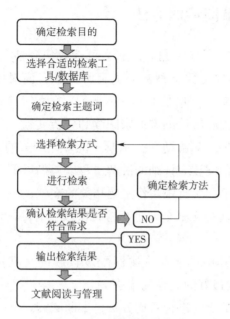

图 4-16 文献检索的流程

图 4-17 知网文献搜索示例

但是，在检索时，如果为了获取更精准的信息，则可以采用高级检索的方法，即同时使用如作者姓名、发表时间、文章题目等多种信息来检索，就可以针对性地获取相关性较高的文献。

四、文献阅读的方法

在作者确定写作主题后,那么可能收集到涉及著作、期刊、互联网等不同种类数十种甚至上百种文献,面对纷繁复杂的文献,如何提取有效信息是写作者需要面对的另一个问题,这个时候就可以采用主题阅读的方法来阅读和分析文献。

在莫提默·J.艾德勒和查尔斯·范多伦所著的《如何阅读一本书》中对主题阅读有详细的讲解。可以遵循以下几个流程:

第一,收集到所有跟写作主题相关的文献;

第二,对这些文献全部进行检视阅读(有限的时间内最好的完整阅读法);

第三,对其中部分与主题匹配度较高的文献进行分析阅读(无限的时间内最好的完整阅读法);

第四,文献之间进行对比分析,主题阅读。

主题阅读的过程中要注意以下几点:

(1)在主题阅读中,作者写作的主题才是重点,而不是阅读的文献本身,作者最主要的工作不是一字不漏读完所有文献,而是找出这些文献对自己的写作主题有什么作用和价值。

(2)由阅读者主导,与不同文献的作者达成共识,而不是阅读者被作者带着走。学会运用自己的语言消化不同作者的语言,将知识融会贯通。

(3)试着列出几个自己关心的问题,在不同的文献中找出答案。

(4)找出共性的、真正的议题。

(5)阅读者不只要依靠自己找到答案,要与各种文献形成互动。

除了进行主题阅读之外,阅读者还需要批判性地看待各种文献上的观点与材料,既要充分尊重,但是也要科学地求证。

五、笔记整理

文献阅读和其他阅读一样,也需要记录笔记,并且采用合理的方法来整理笔记。高效记笔记的方法一般包括以下几方面：

（1）摘抄句段。

（2）复述文献内容（用自己的话）。

（3）梳理文献的框架和论证结构。

（4）将不同文献的阅读笔记采用表格、思维导图等方法综合整理、分析。

在本章的前四节中非常详细地介绍了素材收集、整理和创新的方法，其中提到的"黄金三分笔记法"、头脑风暴、思维导图、列表等方法，在论文写作中依然是非常好的笔记整理工具，可以多加实践和练习。

六、知识管理的技术辅助

梁启超先生在《读书分月课程·学要十五则》中说："读书莫要于笔记，朱子谓当如老吏断狱一字不放过，学者凡读书，必每句深求其故，以自出议论为主，久之触发自多，见地自进，始能贯串群书，自成条理。经学、子学尤要，无笔记则必不经心，不经心则虽读犹不读而已。"可见笔记的重要性。

严家炎先生在《严家炎自述》中也认为笔记有以下作用：

"笔记的作用，不仅是消极的，不仅是为了记下读书的当时产生的那些闪光的思想和精彩的语言，使之不要被遗忘；它还有更积极的意义，即可以促使我们在整理自己原始想法的过程中把思想系统化和深刻化，促使我们摆脱那种'学而不思'的状态，不做思想懒汉。

"我们应该养成这个习惯，不要偷懒，不要把它看作可有可无的事情。"

但是每个人记笔记的习惯不同。有的人习惯用纸笔进行，但在信息技术十分发达的今天，更多的人习惯使用印象笔记、有道

> 读书莫要于笔记，朱子谓当如老吏断狱一字不放过，学者凡读书，必每句深求其故，以自出议论为主，久之触发自多，见地自进，始能贯串群书，自成条理。经学、子学尤要，无笔记则必不经心，不经心则虽读犹不读而已。什么方法呢？极笨极麻烦的，抄录或笔记。
> ——梁启超《读书分月课程·学要十五则》

云等工具，还有的数据库针对论文写作专门开发了笔记工具，比如中国知网研学，有非常全面的画线、文摘、笔记、复制、工具书检索等功能，基本能满足写作者的各项需求。可以根据个人习惯选择合适的知识管理工具。

七、扩展资料

根据GB/T7714—2015《文献类型与文献载体代码》规定，以单字母标识文献类型和标识代码，见表4-3、表4-4。

表4-3　文献类型和标识代码

参考文献类型	文献类型标识代码
普通图书	M
会议录	C
汇编	G
报纸	N
期刊	J
学位论文	D
报告	R
标准	S
专利	P
数据库	DB
计算机程序	CP
电子公告	EB
档案	A
舆图	CM
数据集	DS
其他	Z

表 4-4　电子资源载体和标识代码

电子资源的载体类型	载体类型标识代码
磁带（magnetic tape）	MT
磁盘（disc）	DK
光盘（CD ROM）	CD
联机网络（online）	OL

参考文献著录格式如下示例：

（1）期刊作者．题名 [J]．刊名，出版年，卷(期)：起止页码．

（2）专著作者．书名 [M]．版本(第一版不著录)．出版地：出版者，出版年：起止页码．

（3）论文集作者．题名 [C]// 编者．论文集名．出版地：出版者，出版年：起止页码．

（4）学位论文作者．题名 [D]．保存地点：保存单位，年份．

（5）专利所有者或申请者．专利题名：专利号 [P]．公告日期或公开日期．

（6）标准编号．标准名称 [S].

（7）报纸作者．题名 [N]．报纸名，出版日期(版次)．

（8）报告作者．题名 [R]．保存地点，年份．

本节小结

本节说明了文献资料收集与运用对于论文写作的重要性。

文献资料的来源有工具书、专著、期刊/论文集、电子期刊、数据库和网络等几种,各种文献的质量有高低之分。

文献检索有许多平台,比如中国知网、万方、维普、百度文库等,可根据需求使用。

文献检索有初级检索和高级检索之分,想要获得精准检索文献,要学会使用高级检索。

不同的文献类型在论文中的著录格式是不一样的,要使用规范的引用和标注格式。

第四章 肉——像剪裁大师一样剪裁你的素材　163

第六节　轮到你了

（1）你对"文学创作必须有真正的生活"这句话怎么看？写一段不少于200字的文字表明自己的观点。

（2）和你的团队选择一个即将开始或者正在进行的项目，使用头脑风暴的方法获取更多的创意吧！别忘了，你是项目负责人，你需要组织好整个流程，营造和谐开放的场域，并和伙伴一起做好后续的整理工作哦！

（3）学会用思维导图帮助自己做日程安排、知识归纳与复习、处理日常事务、收集和整理工作素材、阅读与写作吧！请自行选择一个内容进行练习（最好你有一支四色笔，或者更多颜色的彩笔，请把每次练习都当作最佳作品的练习）。

（4）复述本章中关于整理和剪辑素材的方法，并用高效笔记的方法记录出来。

（5）你了解哪些文献检索平台？试着选择一个主题词，在中国知网上检索不下于10篇文献，并将文献的标题、作者和出处写出来。

第五章

色——像微雕大师一样雕琢你的语言

语言是思想的外衣。

——塞·约翰逊（英国作家）

第五章 色——像微雕大师一样雕琢你的语言

第一节
落霞与孤鹜齐飞——文字的表达张力

> 唐朝有个和尚，法号齐己。齐己和尚很喜欢写诗，可谓是个诗僧。他有个好友名郑谷，也是诗人。因为他们都写诗，自然能谈得来。
>
> 有一次，齐己写了一首诗叫《早梅》，其中有两句："前村深雪里，昨夜数枝开。"过了几天，郑谷来串门。齐己对他说："我写了一首诗，你给我看看怎么样？"郑谷看完，说："写得好，意境很好，情致也很高。但有一点，你写的是早梅，前村深雪里，昨夜数枝开。早梅就是早开的梅花，一般不会数枝开，数枝就是开了一片啦，我觉得应该把数枝改成一枝。'前村深雪里，昨夜一枝开'，这就显得这梅花是早开的梅花。"
>
> 齐己一听，恭恭敬敬地向郑谷拜了一拜，说："改得好！你真是我的一字之师啊！"
>
> （摘自：（宋）计有功《唐诗纪事》）

写作是一个对文字精心雕琢的过程，一字之差便谬以千里。因此请善待文字，让其在变化、拆解、重合中表达人类丰富多元的思想。让字字珠玑、句句精妙、令人唇齿留香的文字，在瞬息间触动电光石火般的想象。读者可以于文字间驰骋万里、穿越古今；可以因一语中的浮想联翩，也可因片言而开窍明理；可一言兴邦，可一言丧邦，可一言胜九鼎，可三寸抵万师；可细微至眼

> 你心里想得透彻，你的话自然明白，表达意思的词会信手拈来。
>
> ——布瓦洛，法国诗人

> 语言就是一架展延机，永远拉长感情。
> ——福楼拜，法国作家

底人心，可辽阔至宇宙苍穹。

本章之所以用"落霞与孤鹜齐飞"作为题目，因为这是王勃《滕王阁序》中脍炙人口的句子，其语言既有细微的动，又有广阔的静，动情处细微如发，悲怆时豪气干云。雨过天晴，阳光朗煦，飘浮的云霞与孤鹜一起飞翔。秋天的江水和辽阔的天空连成一片，浑然一色。秋雁长鸣，云淡天阔。这就是文字的表达张力，极具"上穷碧落下黄泉"的神通。

一、能够产生脑力激荡的文字——诗的语言哲学的思想

能够产生脑力激荡的文字不是"鸡汤"，也不是豪言，是不知不觉中能够刻进灵魂的文字，是启智，是反思，是一种看似茫然实则若有所思的境界。

如丰子恺轻轻问一句："你住几楼？——人生有三层楼，第一层物质生活；第二层精神生活；第三层灵魂生活。"（《不宠不惊过一生》）一语惊醒梦中人，在浑浑噩噩的人生中有几人分层，有几人独醒。而这句话如暗夜火把，如航海明灯，更如醍醐灌顶，让人陷入反省与沉思。好的语言就是这样，寥寥几笔却汇聚力量，凝结着作者人生的体悟与思考。

> 言辞是行动的影子。
> ——德谟克利特，古希腊哲学家

"你的问题主要在于读书不多而想得太多。"（杨绛）这句话出自杨绛先生给一位青年的回信。有位年轻人特别崇拜杨绛先生，于是便写了一封长信表达自己的人生困惑，没想到杨绛先生给他回信只写了一句话："你的问题主要在于读书不多而想得太多。"有人说这其实只是杜撰，杨绛先生并未说过这句话。但当久不读书的你看到这句话时，那种激荡心灵的冲击还是久久不能平静的，感觉是第一次有一句话可以把自己形容得无处遁形——不读书、不思考，每天幻想着自己如何成名，如何一夜暴富。瞬

间灵魂中竖起一面镜子，照出来自己的浅薄和鄙陋。

也许每一个男子都有过这样的两个女人，至少两个。娶了红玫瑰，久而久之红的变成了墙上的一抹蚊子血，白的还是"床前明月光"；娶了白玫瑰，白的便是衣服上的一粒饭粘子，红的却是心口上的一颗朱砂痣。（张爱玲《红玫瑰与白玫瑰》）张爱玲的语言在清淡冷漠中极具穿透力，这种对情爱透彻的清醒让人不寒而栗。在思想的震荡中令人不觉审视自己，所有的痛苦与纠结在瞬间被一语道破，点化顿悟。而有趣的是张爱玲的文字在深邃中又极具清晰、鲜明、刺目的画面感，红得刺心，白得耀目，冷的是墙，呆的是你。

好的语言集思考、表达、趣味、情致于一体，不是随心所欲地一吐为快。

二、能够令人产生想象画面的文字——字字斟酌，一字千金

有力量的文字一字胜千言，一语蕴万境。寥寥几字，寓意无穷，浅浅一句胜却无数，百炼为字，千炼为句。写作者只有对文字具有推敲谨慎的敬畏感才能于一字之别中体味出万千境界。

如《三国演义》中"赤壁之战"对"船帆"和"帆船"的变化使用之妙。原文述道：这一天，东南风很急，江面上波浪滔天。曹操正在船头迎风眺望，忽然有个兵士报告说："江南隐隐约约有些船帆，趁着东南风向北岸驶来。"曹操定睛一看，果然有一队帆船向北岸驶来，不一会儿已经来到江心，船头的大旗上分明写着一个"黄"字。曹操笑着说："黄盖没有失信，果然来投降了。"为什么兵士报告时称看到"船帆"，而曹操定睛一看却用"帆船"呢？这不是简单的用词重复规避，而是需要我们联想时空场景的语言艺术。兵士来报告时只是隐隐约约地看到了船

思考是我无限的国度，言语是我有翅的道具。
——席勒，德国文学家

言语是人类所使用的最有效果的药方。
——吉普林，英国作家

帆，可见东吴的船在水天相接处刚出现；可是当曹操定睛一看时，已经清楚地看到了一队帆船，可见东吴的船速度之快，所以这两个词侧重点不同，因而表达方式不同。我们在品句的过程中，自然而然地会自行想象画面，丰富视听，品鉴回味。精彩的文字多一个字或少一个字，或者词语顺序的改变，都会影响原文语言整体的和谐及内在的意蕴，真正的写作是对每个字生命力的珍惜。

最具凝聚力的语言来源于诗词艺术，这种瞬间使人浮想联翩的文字在唐诗宋词中屡见不鲜。写作者锤炼语言的捷径便是诵读诗词歌赋，积淀辞色，修炼词感。

古人作诗讲究千锤百炼。"三年成两句，欲语泪先流。"诗词语言精练，是诗人语言功力的表现。一方面，诗词源于生活，必须与生活相关；另一方面，诗词高于生活，它是对生活语言的提炼。所以，诗词语言必须经过反复加工，层层提炼，方能炼成名句。杨载曾在《诗法家数》中说道："诗要炼字，字者眼也。"诗有名句，一句传千年。佳句大多是因为一字而传神。例如："春潮带雨晚来急，野渡无人舟自横。"其中的"急"与"横"就极富想象力，画面清晰逼真，让人如同身临其境。

《红楼梦》中，香菱说："诗的好处，是语言无法表达的意境，有些描写看似无理，想去却是有情有理的。"在香菱这个初学诗的人看来，"大漠孤烟直，长河落日圆"中，"直"字似无理，"圆"字似太俗。但是只要一念到这句，就能想到其中的场景，再无词语可替换。"渡头余落日，墟里上孤烟"，这"余"字和"上"字，仿佛使人看到诗人当年住在渡头时，岸上没有人，只有几棵树，夕阳西下，远远的有几户人家在做饭的场景。这就是诗词的魅力，它将作者在生活中的情感经历用语言文字准确地展现出来。好的词句应新奇而自然，如"卧看牵牛织女星"中的"卧"字，表现出人物的慵懒，凝练含蓄。"春风又绿江南岸，明月何时照我还"中的"绿"字，展现了春日里的勃勃生机。"风乍起，吹皱一池春水。""皱"字，微风拂过水面泛起微微波澜，如同眉宇间的皱纹，只一字将春水写活，形、神、情、韵浮于眼前。

《诗经·小雅·采薇》："昔我往矣，杨柳依依。今我来思，雨雪霏霏……"叠词的使用增加了语言的音律美，"杨柳""雨雪"等意象更加充满动态感，这些意象本身就带有一定的情感色彩，再加上诗人的有意搭配，就更是韵味无穷。马致远的《天净沙·秋思》："枯藤老树昏鸦，小桥流水人家，古道西风瘦马。"该作品的意象搭配简直绝妙，藤是枯的，树是老的，古老的道路，在西风中瑟瑟的瘦马……字字传情，句句生景，既可入诗又可成画。再如白居易的《问刘十九》："绿蚁新醅酒，红泥小火炉。晚来天欲雪，能饮一杯无？"我家新酿的米酒还未过滤，酒面上泛起一层绿泡，香气扑鼻。用红泥烧制成的烫酒用的小火炉也已准备好了。天色阴沉，看样子晚上要下雪，能否留下与我共饮一杯？这种生活感十足的场景，透露着惬意自在，闲散舒适，令人向往不已。

好的语言集想象、生活、美感、变化于一体，不是无稽的堆砌拼凑。

你的舌头就像一匹快马，它奔得太快，会把力气都奔完了。
——莎士比亚，英国诗人

三、能够产生行动力量的文字——成也文章败也文章

有些文字蕴含着无限的张力，能够促动人的冲动，进而产生行动，能够扩展人的生命半径和向往疆域。这种文字无疑是有力量的。

结构感十足的文字能够召唤行动的脚步。譬如"那条白线很快向我们移来，逐渐拉长，变粗，横贯江面。再近些，只见白浪

> 言语之力，大到可以从坟墓唤醒死人，可以把生者活埋，把侏儒变成巨无霸，把巨无霸彻底打垮。
> ——海涅，德国诗人

> 语言只是一种工具，通过它我们的意愿和思想就得到交流，它是我们灵魂的解释者。
> ——蒙田，法国思想家、作家

翻滚，形成一堵两丈多高的水墙。浪潮越来越近，犹如千万匹白色战马齐头并进，浩浩荡荡地飞奔而来；那声音如同山崩地裂，好像大地都被震得颤动起来。霎时，潮头奔腾西去，可是余波还在漫天卷地般涌来，江面上依旧风号浪吼。过了好久，钱塘江才恢复了平静。看看堤下，江水已经涨了两丈来高了。"（赵宗成、朱明元《观潮》）这段文字由远及近、由线到面、由急到缓、由闹至静、由平面到立体，在三维视阈下描述了钱塘潮的壮丽图景。作者的语言像是带有自动变焦的伸缩镜头，令人心随景动，身随境转。相信凡读这段文字的人都会心生向往，希望有朝一日能够身历其境，弄潮观景。这段文字运用时空交错的语言结构描述画面，足以诱惑人们向往的脚步。

至诚肺腑的文字能够唤醒迷茫，刺激心智，激发动力，产生明确持久的行动力。严复在《论读书的意义》中说："物质的贫穷，能摧毁你一生的尊严。精神的贫穷，能耗尽你几世的轮回。人生没有白走的路，人生没有白读的书。你读过的书，走过的路，会在不知不觉中改变你的认知，悄悄帮你擦去脸上的无知和肤浅。书便宜，但不意味知识的廉价。虽然读书，不一定功成名就，不一定能让你锦绣前程，但它能让你说话有德，做事有余，出言有尺，嬉闹有度！读书，是最低门槛的高贵。"这不是什么高谈阔论，也不是什么说教明理，它是一份凝结了前辈学者人生智慧的发自肺腑的忠告。它比"我是为你好"的苦口婆心更加具体，比"不好好读书会……"的恐吓来得温和，也比"知识改变命运"更具有说服力和责任感。有谁不想让自己的人生多一些选择权，多一些尊严，多一些快乐？没有选择的人生只有负重前行的窘迫，卑微无望的狼狈，身不由己的灰暗，无休无止的抱怨。尊严与快乐只属于能够自己做主的人，而这就是触动一个青年热爱学习最有力量的语言，每一个鼓点都敲到实处，让你惊醒，让你权衡对比，让你以读书为责任，不敢懈怠。

好的语言能够唤醒灵魂，召唤行动，让灵魂和行动超乎一致地统一。

第五章 色——像微雕大师一样雕琢你的语言

• • • **本节小结** • • •

　　文字的表达力需要千锤百炼的积淀，想要成为语言的驭手就必须掌握它的变化、汇聚它的能量、欣赏它的动力，在积累、品鉴、行动中达到游刃有余。

　　1. 让语言富有深意，能够唤醒思考。

　　2. 对每一个文字反复斟酌，追求最佳效果。

　　3. 给语言赋予生命，让其成为行动的推手。

第二节
删繁就简三秋树——语言的准确度

一个学生写了一篇关于爱情的文章，标题是《如果我活着我就要至死不渝地去爱！！！》，开篇直抒胸臆："我的爱情只有我做得了主，我不允许任何人指手画脚强加阻拦，我的父母、我的亲人也不例外。"

这个标题的意思我们当然明白，但标题已经长达15个字，而且还用三个感叹号呐喊强调，实在感觉有点外强中干，回想一下我们的阅读库存似乎很难见到有如此冗长标题的文章。所以在写作拟题的过程中，需要提炼出一个简约精练的标题才好。另外，就这个标题而言，啰唆还体现在两个"我"字的重复出现，至少可以去掉一个我，变成"如果活着，我就要至死不渝地去爱"。在切磋时我给了三个参考标题：分别是《如果爱……》《我的爱情忠贞不渝》《死了也要爱》。第一个有一种悬念之感，第二个直抒胸臆，第三个带有较强的情感色彩。

至于开篇的那句呐喊那就更需要删繁就简了：我的爱情我做主！

语言必须删繁就简或精准提炼才能准确地表情达意。如果说能够使读者产生想象力、思考度和画面感是文字的张弛力，那能够精简表达、精准传递、精确概括则是语言需要从细微处韬光养晦的压缩力，也是不容忽视的功能之一。接下来我们从两个方面来分析语言的精准度。

一、一字千金——语言的清洁度

经常看到一些人的文字有种"隔靴搔痒"抑或"直白粗糙"的感觉，再好的立意和思想也让人瞬间索然无味，失去阅读兴趣。

语言表达常见的重复有两种：一是字词句的重复；二是表达意思的重复。因此写好文章后我们必须大声地诵读出来，凡自己卡壳的地方都需要斟酌推敲。比如下面的句子，读起来就会有烦琐累赘之嫌：

（1）每当这个时候，我就会和书中的人物同呼吸、同心跳、同命运。

（2）我在这套方案中，我不止一次表达了我和大家的意见。

（3）文章的中心思想、主旨、观点、论点都要关注。

（4）某某地区有一家夫妻老婆店……

（5）在春节期间，要努力搞好水运、海运、空运、陆运、铁路运输……

（6）张某某，他的媳妇叫王某某，他有一个儿子、有一个闺女……

（7）我就是江湖上人见人爱、花见花开、车见车载，人称上天入地、无所不能、英俊潇洒、风流倜傥、玉树临风、学富五车、高大威猛、拥有千万"粉丝"、迷倒万千少女、号称一朵梨花压海棠的玉面小白龙，帅到掉渣！

上述列举的7个句子虽都属于不必要的重复，但各有各的问题。我们一一分析其弊病所在：

句（1）中的三个"同"——同呼吸、同心跳、同命运显得极为啰唆，不仅使句子显得冗长也冲淡了表达力度，不如"同呼吸共命运"表意简洁明快。且"每当这个时候"更可删繁就简为"每当这时"，完全不影响表达。句（2）第一人称代词"我"的反复出现，让人觉得作者的表达语无伦次，气急败坏。第一

言行在于美，不在于多。

——梁元帝

个"我"完全可以省略,"在这套方案中,我不止一次表达了大家的意见",很明显此处"大家"也包含作者"我",不用再着重强调。我们对于人称代词的运用常常出现这种不必要的重复。句(3)中"中心思想、主旨、观点、论点"纯属意义上的重复,它们是同一概念,其意义相似于"女人、女的、女孩、女子"。句(4)中"夫妻老婆"迭代重复。句(5)中"水运、海运、空运、陆运、铁路运输"出现了包含关系的交叉现象,"水运"中含"海运","陆运"中又包括"铁路运输"。句(6)中不仅仅"有"字重复,且表达啰唆口语化现象严重,影响了语言的准确性。可改为:"张某某,其妻王某某,二人育有一子一女……"句(7)完全是为了表达的喜剧效果而故意采用词语堆砌,以增强滑稽感,归根一句"我才华与美貌兼具"。这种重复表达仅限于艺术创作需要,一般论说文、实用文禁用。其差异效果对比见表5-1。

一切学问没有速成的,尤其是语言。
——傅雷,现代翻译家

表5-1 重复与非重复对比

原句子	修改后
每当这个时候,我就会和书中的人物同呼吸、同心跳、同命运	每当这时,我就会和书中人物同呼吸共命运
我在这套方案中,我不止一次表达了我和大家的意见	在这套方案中,我不止一次表达了大家的意见
文章的中心思想、主旨、观点、论点都要关注	文章的中心思想也叫主旨或观点,要充分关注
某某地区有一家夫妻老婆店……	某某地区有一家夫妻店……
在春节期间,要努力搞好水运、海运、空运、陆运、铁路运输……	在春节期间,要努力搞好水运、海运、陆运工作
张某某,他的媳妇叫王某某,他有一个儿子、有一个闺女……	张某某,其妻王某某,二人育有一子一女
我就是江湖上人见人爱、花见花开、车见车载,人称上天入地、无所不能、英俊潇洒、风流倜傥、玉树临风、学富五车、高大威猛、拥有千万"粉丝"、迷倒万千少女、号称一朵梨花压海棠的玉面小白龙,帅到掉渣!	我是美貌与才华兼具的玉面小白龙

二、删繁就简——语言的简明度

中国的文学源头是《诗经》，其表达模式基本都是"四言诗"。无论是宗庙祭祀的"颂"，还是地方采集的"风"，都语言凝练、字字精湛，且吟诵传唱富有节奏和韵律。例如"所谓伊人，在水一方"，将爱而不知、追而不及的感情表现得淋漓尽致。再如"执子之手，与子偕老"，将生死不渝、愿得一人心、白首不相离的爱情表达得振聋发聩。中国古典诗词是汉语的精华，凝结了最深情、最传神、最凝练的表达。积累背诵大量的诗词可以提升语言的凝练度。

一字传神的表达在古典诗词中不胜枚举。如"鸟宿池边树，僧敲月下门"（唐贾岛的《题李凝幽居》），一个"敲"字打破了万籁俱寂，画面瞬间活了起来，静中有动，动静相合。贾岛和韩愈的"推敲"炼字更成为千古佳话。"执手相看泪眼，竟无语凝噎"（柳永《雨霖铃·寒蝉凄切》），"执手""无语""凝噎"，三个词绘制了一幅送别画卷，写尽了千古离别，此时无声胜有声，化作哽咽噎满喉。"枯藤老树昏鸦，小桥流水人家，古道西风瘦马，夕阳西下，断肠人在天涯。"（马致远《天净沙·秋思》）"桥、水、风、马、夕阳、离人"一气呵成，构成一幅立体画卷。"疏影横斜水清浅，暗香浮动月黄昏"（林逋《山园小梅·其一》），这两句只见花影不见花枝，只闻花香不见花容的描写，也算是咏梅诗之典范了。有关语言繁简对比的效果可见表5-2。

表 5-2 繁简表达效果对比

原句	修改
如果有任何地方需要解释或需要进一步提供细节，我们将非常乐意提供这样的补充信息，可以电话申请获得这些信息	如果你有任何问题，请致电
好的学习环境对于辅助和加强正在进行的学习过程来说，是一种必要的前提条件	学习需要良好的环境

续表

原句	修改
你技术再牛，也胜不过那些搞应用创新的。腾讯可以山寨无数多软件，但是它聪明的地方在于并不生搬硬套，基于用户，变个身份，也能变出许多花样。诺基亚和苹果火拼手机市场也是例子	应用创新胜过技术创新
你在应用上创新了，一定要坚持，千万不可半途而废，前功尽弃。那样实在得不偿失，前面等于做了无用功	应用创新持之以恒很重要
我们在大学期间开设的高等数学、大学英语、微积分、线性代数、大学语文、基础写作、诗词鉴赏等课程，对我帮助很大	大学期间开设的公共基础课对我帮助很大

> 言有浮于其意，而意有不尽于其言。
> ——苏轼，宋代文学家

按照上述论证案例，或许有人会提出疑问，认为文言文和现代白话文之间本来就存在表达差异性，白话文相对冗长，文言文相对简短，在句式结构上和现代汉语句式结构完全不同。实则不然。据说胡适当年拒绝朋友邀请他去做行政院秘书时，曾以省钱为宗旨邀请众多同学帮自己撰写电文，结果用文言文回电中最短的也要12个字："才学疏浅，恐难胜任，恕不从命。"胡适念完了，就幽默地用白话文说了三个字："干不了。"可见文字表达得凝练与否无今古之别，而在于驾驭之妙。

三、不失毫厘——语言的精准度

除了语言的清洁度和简明度之外，语言的精准度更值得我们探讨。无论是文学作品抑或是实用文体，都存在一字扭转乾坤的可能。就语言的使用而言，我们要求语言表述精确无误差。关于语言精准度的要求，林庚先生的《说木叶》一文是典范。作者就杜甫名作《登高》:"风急天高猿啸哀,渚清沙白鸟飞回。无边落木萧萧下,不尽长江滚滚来。万里悲秋常作客,百年多病独登台。艰难苦恨繁霜鬓,潦倒新停浊酒杯。"一诗中"落木"一词的精准使用做了深入的分析,为什么不是"落叶""木叶"而是"落木",这是诗歌表达意象的需要,也是古人推陈出新富有想象力的表现。"落木"比落叶更具厚重感、力量感和文字质感,比"木叶"更具新鲜感。

在诸多经典作品中,用词精准的范例不胜枚举,下面略举一二:

(1)《谏逐客书》开篇一句:"臣闻吏议逐客,窃以为过矣。"其中"吏"和"窃"二字的使用极为精准,是全篇进谏成功的主要关节。明明是秦王下了逐客令,却把逐客的过错归于"吏",足见其措词之委婉,谏言之精妙。这一个字既给秦王留足了颜面,又给纳谏留足了余地。宋代李深说:"起句至矣,尽矣,不可以回矣。""窃"表现出自身的谦卑和恭敬,不得不说李斯洞察人心,情商高绝。

(2)《水浒》"林教头风雪山神庙"中"那雪正下得紧","紧"字传神地刻画出当时的雪势。鲁迅曾评说:"比大雪纷飞多两个字,但那神韵却好得远了。"(《花边文学大雪纷飞》)等到林冲买好酒,出小店时"到晚越下得紧了",于是下文有了躲出借住、躲过祸事的故事情节,这场紧要的雪在文中起着推动情节的谋划作用。可谓不偏不废,一字牵动全篇。

(3)宋之问的《渡汉江》中"近乡情更怯,不敢问来人","怯"准确表达出诗人回归故乡的激动、羞怯、不知所措。用"急""羞""慌"都没有"怯"更形象,更有情绪层次感。

文字的表达效果没有对比便没有说服力,效果对比见表5-3。

表 5-3 语言精准度对比

原句表达	替代表达
臣闻吏议逐客，窃以为过矣	臣闻王议逐客，以为过矣 （不留言面、不留余地、毫无情商、成功与否在于赌秦王是否有一颗强大的心脏）
"那雪正下得紧"	那雪正下得大；那雪正下得急 （"大"只能说明数量，"急"只能说明速度）
"近乡情更怯，不敢问来人"	近乡情更急；近乡情更乱 （"急"只能表达单一的情绪；"乱"过于直白，缺乏意象）

在实用文本中语言的准确性于大处关系着国计民生、决策成败，于小处关系着业务进展、方案执行，更不能马虎，即曹丕所谓"一字入公文，九牛拉不回"，实用文体中语言的不精准性常常表现为以下两个方面：

一是词语使用不够精准。

这类表达错误出现频次较高的有以下五类，见表 5-4。

表 5-4 语言精准度对比

序号	错误类型	案例分析
1	词义混淆	例1："近来职工在上班期间，很少有人干私活。" 析："期间"是个大概念，用在这里不妥，应当用"时间"这个小概念。 例2：爱因斯坦是位粗枝大叶的科学家。 析："粗枝大叶"改为"不拘小节"更为准确，虽然两个词都有粗的意思，但前者为贬义词，后者为中性词，适合描述爱因斯坦这样的科学家

续表

序号	错误类型	案例分析
2	词义误用	例1：一份简报的标题是《××局解决"漏水"问题立见成效》。 析："漏水"这个概念令人费解，读者不清楚是什么，水管漏水，还是指浪费、私拿公物。 例2：一份简报标题为《农村卖粮高潮期电视机销路激增》。 析：误将"销量"用作"销路"，混淆词义。 例3：一位伟人健在时，其老家门上挂着一块木匾，写着"×××同志故居"。 析："故"字使用错误，因为"故"包含了"过去"和"去世"两种意思，而改成"旧"字比较合适
3	逻辑混乱	例1：对迟到早退、屡教不改的员工，应追究其行政责任，并给予一定经济处罚，但对于少数态度较好的，可不必再承担经济责任。 析：语言前后矛盾，违背逻辑。 例2：某某公司实行绩效管理第一年，员工工作积极性比任何一年都高。 析："任何一年"既包含过去的年份，也包含现在和将来，实际文字意思表达的是过去，所以前后矛盾、逻辑混乱
4	语不对体	例1. 比如一则反映重大交通事故的简报，在谈到事故发生当时情形时写道："卡车翻下公路边的河沟内，如坠万丈深渊……车内鬼哭狼嚎，滚作一团。" 析：公文要求叙述用语十分精确，与叙述对象的实际情况应保持严格一致。因此，文学艺术用语不可用。否则，会影响事件描述的准确与严肃性。 例2：比如一则新闻报道一位领导坚持深入群众、了解民生时写道："他在每一户居民家中都留下了厚重的背影。" 析："厚重的背影"这样的文学修饰不适合出现在新闻报道文体中，过度修饰反而影响了报道的真实性。 例3：一则批评通报中写道："××之行为天地不容，人神共愤。" 析：这种表达大有滑稽之感，问题同例2

续表

序号	错误类型	案例分析
5	表述不清	例1：对于管理人才的需求每年都在增长。 析：这属于一本"糊涂账"的表述方式，增长"多少"读者并不能获得有效信息。应改为：我公司对于管理人才的需求每年以20%的速度在增长。 例2：您的账款已经过期了。 析：表达不清，不当。改为"您的账款已经过期45天"，收单人会更有紧迫感

二是语言简化过度缺乏指向。

虽然我们提倡语言简明扼要，但也要注意分寸，不可简化过度影响了表达的准确性。这种表达错误常常在提炼文章标题、段首句时较为常见，见表5-5。

表5-5　语言精准度对比

原句	修改后
加强地区作用	赋予各地区编制计划的权力
减少应收账款	建立追讨逾期账款的机制
评估管理过程	确定管理过程是否需要修正
改善财务报表	建立能够预报变化的系统
处理战略问题	制定明确的长期战略
重新配置人力资源	将人员配置在与其能力匹配的位置上

从上表表达效果对比中不难看出，左列虽然言简意赅但表意不清，这样的文字缺乏指向性和行动力，而右列的表述看似比左列的句子要长，但其意思表达明确，容易被执行和落实。因此语言表达不仅仅要"简"，更为重要的是"准"，二者兼顾方可圆满。

四、术业有专攻——语言的专业度

学术论文，即自然科学论文和社会科学论文。自然科学论文主要采用逻辑思维和逻辑推理的手段来分析、表达自然科学领域的各种理论和实践问题。社会科学论文是以社会领域的学术现象和学术问题为研究对象，用于认知和反映社会的一般原理和客观真理，和自然科学论文相比其语言中的直觉思维、形象思维更多一些。两者相比，自然科学论文的表达具有客观性、精确性，社会科学论文表达更具有人文性、主观性。学术论文是体现我们专业修养的写作，其语言应该是字典中有的规范的书面用语，要求科学、准确、规范，表达清楚，不能够产生歧义，忌讳创造一些语义空泛的难解之词。因此除上述所说的准确性、简明性之外，还有以下四点独特的属性：

（一）科学性

学术论文的语言表达以科学性为基础。无论是学术型的还是技术型的，都是阐述一种科学思想、方法，或是解决某种科学问题，那么语言表达具有科学性是最基本的要求。

（1）要用客观真实、清晰透明的语言描述问题，不可弄虚作假。诸如用字用词、计量单位、公式符号、数据来源等都要准确、客观、真实。如描述珠穆朗玛峰的高度数据要精确说明峰顶距地面高 8 848.86 米，岩面海拔高 8 844.43 米，且要补充说明地表下沉造成的历次测量数据差别。

（2）就事论事，不需要修饰、比喻、夸张等修辞手法。论文语言在整体上力求概念明晰、判断准确、逻辑推理严密、语法合乎规范、结论明确。所以要求语言能够正确反映事物的本质，不能夸大其词。比如在李白的诗句中可有"燕山雪花大如席""飞流直下三千尺"的夸张，但学术论文则需真实客观地表述雪花的大小与瀑布的高度。

（3）表述方式以论述、说明为主，一般不采用描写、抒情等手法。学术论文更多的是客观论述或举例求证某一结论或科学现象的真实性与合理性，因此在表述手法上不像文学作品那样丰富多样。

（二）抽象性

学术论文的语言表达具有抽象性。学术论文的特点决定了其在语言选择上，主要运用抽象思维进行抽象语言的表达。其选择标准是一种理性的尺度，这种选择过程也是判断、推理、归纳和演绎的过程。学术论文语言的抽象性体现在专业化和小众化两方面。

（1）学术论文的阅读对象大多是具有一定相同专业背景的人，否则在理解和接受上会存在一定的障碍，尤其是自然学科的学术论文更是如此。就像爱因斯坦的相对论，很少有人真正明白其内涵和外延，但却从未停止过对其探索的脚步。爱因斯坦曾高度赞赏玻尔所提出的原子中的电子壳层模型及其定律是"思想领域中最高的音乐神韵"，玻尔曾经把麦克斯韦关于气体动力学的论文当作神奇壮美的交响乐来欣赏，而爱因斯坦的相对论则被不少科学家誉为物理学中最美的一个理论，玻恩说它"像一个被人远远观赏的艺术作品"。

（2）学术论文是小众群体的读物，其语言不要求通俗性和大众化。其语言反而为体现科学成果及研究结论的严肃性要求抽象化、概括化、学术化、专业化。

（三）逻辑性

学术论文的语言必须具有逻辑性。解决自然科学和社会科学问题的学术论文，不能像文学作品那样进行虚构，逻辑性是其语言表达的重要特征。语言表达的逻辑性包含三个方面：

（1）句的逻辑。在一句话内要有明显的因果关系和正确的逻辑顺序。

（2）段的逻辑。在段落之间需要有必然的关联性。

（3）文的逻辑。在上下文之间需要环环相扣、脉络清楚、层次清晰。

著名语言学家乔姆斯基指出：作为语言基本结构单位的句子，都具有深层结构和表层结构，表层结构是由深层结构转换而成的。深层结构说明作为表层结构基础的语法关系，一个句子的表层结构可以表达不同的深层结构，一个深层结构可以由不同的表层结构表达出来，语言的深层结构可以使句子的意义更加明确。而语言的一切结构层次，是人按照美的规律和意图建造而成的。总而言之，拥有了具有逻辑性的语言表达，无论多么复杂、艰深的学术理论，读者都能清楚地了解其学术观点。

（四）规范性

学术论文的语言必须符合议论文的文本格式和逻辑框架，这是强制性的写作规则。学术论文的文体结构有其固定化、规范化的模式，在语言表达的层次结构上呈现出公式化和模式化倾向。其规范化主要表现在以下三点：

（1）表达结构的程式化。学术论文典型的文体结构是三段式：引言、正文和结论。即论文的开头、主体和结尾，其中主体部分是论文的核心。开头一般表述研究背景、目的、价值、意义、原理、方法等。主体主要阐述研究的问题、观点、过程等。结尾一般是结论、成果或价值意义。

（2）表达形式的固定化。学术论文在形式上主要包括标题、作者与作者单位、摘要、关键词、前言、正文、结论和参考文献诸要素。目前，我国的学术论文的结构和编排规则主要以《中国学术期刊（光盘版）检索与评价数据规范》（以下简称《规范》）为依据，《规范》的制定，同时参考了《中国高等学校自然科学学报编排规范》《中国高等学校社会科学学报编排规范》和《中国科学院自然科学期刊编排规范》的内容，且《信息与文献参考文献著录规则》2005年也发布了国家标准。

（3）撰写体式的标准化。学术论文各部分的字体、字号、排版都有明确的数据。诸如标题为黑体小二号加黑，居中排版；作者姓名为小四号仿宋字体，居中排版；作者单位、籍贯、邮编等信息为小五号宋体字，排版在名字之下小括号内；关键词、摘要为黑体五号字体，在作者信息下一次排版。需要强调的是关键词和摘要的内容则为宋体五号字体；正文一级小标题为黑体小四号加黑，二级标题为宋体五号加黑，三级及其以下标题均为宋体五号，与正文字体字号相同，不加黑。

可以说学术论文的文体结构、表达形式和文面编排都具有很强的规范性。这种标准的文本结构形式和语言层次表达方式也绽放出工整和严谨之美。关于论文格式的规范性从图5-1可见一斑：

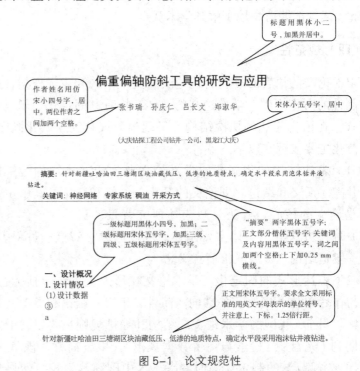

图 5-1　论文规范性

> **本节小结**
>
> 文字表达想要规避常犯的错误，做到以下四点即可成效显著：
>
> 1. 反复诵读、多次修改，对文字负责。
> 2. 多读诗词歌赋、经典著作，提升语感。
> 3. 准确把握语言的含义，遣词造句慎重推敲。
> 4. 必须严格遵循学术论文语言的严谨性与规范性。

第三节
一言之辩重于九鼎之宝——语言的说服力

在繁华的巴黎大街路旁，坐着一个衣衫褴褛、头发花白、双目失明的老人。他不像其他乞丐那样伸手向过路行人乞讨，而是在身旁立一块木牌，上面写着："我什么也看不见！"

街上过往的行人很多，那些穿着华丽的绅士、贵妇，那些打扮漂亮的少男少女，看了木牌上的字都无动于衷，有的还淡淡一笑，便姗姗而去。

这天中午，法国著名诗人让·彼浩勒也经过这里。他看看木牌上的字，问老人："老人家，今天上午有人给你钱吗？"

"唉！"老人满面愁容，叹息着回答，"我，我什么也没有得到。"

让·彼浩勒听了，沉吟了一下，把木牌悄悄翻过来，拿起笔写上"春天到了，可是我什么也看不见"几个字，就匆匆地离去了。

晚上，让·彼浩勒又经过这里，询问老人下午的收入情况，老人笑着对诗人说："先生，不知为什么，下午给我钱的人多极了！"让·彼浩勒听了，也摸着胡子满意地笑了。

"春天到了，可是我什么也看不见"这富有诗意的语言，产生了这么大的作用，就在于它有非常浓厚的感情色彩。

（摘自：成杰.一语定乾坤[M].北京：民主建设出版社，2015.）

口者，心之门户，
智谋皆从之出。
——《鬼谷子》

语言必须蕴含智慧的思考方能产生巨大的力量。纵观浩瀚文海，语言文字的力量始终伴随着人类文明与智慧的进程。在历史长河中无论智者还是凡俗，都会运用这种力量，抑或立一家之言，挡百万雄师，改历史进程；抑或更一己命运，脱一时困境，救人于危难。语言的力量就像大海的浪涛，或和煦平静，或瑰丽迷人，或惊心动魄。我们不妨在文字的浩瀚星空中摘选一二，进行学习揣摩，增进我们的语言修为。

一、以理服人——清晰有力的论证逻辑

"一言之辩重于九鼎之宝，三寸之舌强于百万雄师"，语出司马迁《史记·平原君列传》，即著名成语典故"毛遂自荐"篇。我们先了解一下文章背景：时秦兵围困邯郸，赵国派遣平原君请求救兵，到楚国签订"合纵"盟约。平原君欲在其门客中挑"勇且有谋者"二十人一同前往。无奈选定十九人，缺一人不得。此时门下有一叫毛遂的食客自荐前往。一行人出使楚国，毛遂以其超人的胆略和雄辩的口才促成"楚赵歃血之盟"，合纵成功使平原君不辱使命。文末以平原君赵胜此语作结："毛先生一至楚而使赵重于九鼎大吕。毛先生以三寸之舌，强于百万之师。胜不敢复相士。遂以为上客。"

平原君至楚说服楚王合纵，"言其利害，日出而言之，日中不决"，毛遂这个名不见经传的小人物是如何三言两语促成盟约的呢？请诸位一同移步现场：

毛遂按剑而前曰："王之所以叱遂者，以楚国之众也。今十步之内，王不得恃楚国之众也，王之命县于遂手。吾君在前，叱者何也？且遂闻汤以七十里之地王天下，文王以百里之壤而臣诸侯，岂其士卒众多哉，诚能据其势而奋其威。今楚地方五千里，持戟百万，此霸王之资也。以楚之强，天下弗能

第五章 色——像微雕大师一样雕琢你的语言

当。白起,小竖子耳,率数万之众,兴师以与楚战,一战而举鄢郢,再战而烧夷陵,三战而辱王之先人。此百世之怨而赵之所羞,而王弗知恶焉。合从者为楚,非为赵也。吾君在前,叱者何也?"楚王曰:"唯唯,诚若先生之言,谨奉社稷而以从。"毛遂曰:"从定乎?"楚王曰:"定矣。"毛遂谓楚王之左右曰:"取鸡狗马之血来。"

这段雄辩之文从逻辑顺序上可分为三层剖析,以下称"毛遂三斧"。

(一)洞察情势灭其威风——此为第一斧破冰

毛遂佩剑冲入殿上,楚王立威呵斥,遂不但毫不胆怯反而一句话扎烂楚王这只纸老虎——您不就仗着在您的地盘上人多势众吗?我现在就距离您十步之遥,要您性命分分钟的事情。就地取材说明人多势众不是战争取胜的决定性资本。最有趣的还有这句:"吾君在前,叱者何也?"在扎破纸老虎之后还不忘再来句礼仪教育——您不仅盲目自大还缺乏礼仪修养,在我老板的面前斥责我。这一别开生面的破冰开场,瞬间震慑住楚王,使其紧张之余对来人不敢小觑,为后面精彩的论辩瞬间打开局面。

毛遂的第一斧对我们的启示是:在任何一场语言战争中一定要找准对方的"要害点",一刀插入才能掌握话语权,否则不是废话连篇,便是徒费唇舌。

(二)旁征博引晓之以理——此为第二斧立论

接下来势如破竹般列举"商汤王天下""文王臣诸侯"皆非人多地广之由,而在于能够看清形势相时而动罢了。这是一段精彩的说理,意在让楚王看清形势、明智选择,不可盲目自大。从论证技巧上来讲属于理论论据,采用以理服人手法,有点类似于说服人持之以恒时举例"愚公移山""精卫填海",说明以少胜多

在要说一些事之前,有三件事要考虑:方法、地点、时间。
——萨迪,波斯诗人

时列举"破釜沉舟""赤壁之战"。

毛遂的第二斧对我们的启示是：说服论辩需要一定的知识储备，通古博今兼具中外可以让你有雄厚的理论支点，不致使观点势单力薄缺乏说服力。

（三）以子之矛攻子之盾——此为第三斧证论

如果说引经据典旁征博引在说服论辩中有点"站着说话不腰疼"的隔靴搔痒之感，那么以子之矛攻子之盾就显得力道刚猛。毛遂深得此要领，采用先立后破、矛盾相攻的正反论证方法说服楚王当场结盟。

"今楚地方五千里，持戟百万，此霸王之资也。以楚之强，天下弗能当。"先说楚国地广兵多，本可天下无敌称王称霸，然接着话锋一转历数秦楚三场耻辱之战。一战失郢都，二战烧夷陵，三战辱先人，楚国与秦国三战三败，且都是百世耻辱、颜面无存，继而顺势得出"合从者为楚，非为赵也"的结论。这便是毛遂论证逻辑最高级的地方——以理服之，以利诱之，赵楚合纵真正最大的获益者是楚国而非赵国。此结论一出，楚王点头如捣蒜："唯唯，诚若先生之言，谨奉社稷而以从。"

毛遂的第三斧对我们的启示是：说服论证最核心的抓手在于能够站在对方的立场、观点、利害角度组织语言构建论辩逻辑，而非一味站在自我立场患得患失。

二、精巧设计——设计铺排的论证力量

如果从结论先行的结构分析来看，李斯的《谏逐客书》绝对称得上结构化公文典范之作。开篇即结论——臣闻吏议逐客，窃以为过矣。典型的公文表述特征，可见古人早在2 000多年前便悟出工作型表达最好废话少说，开门见山，不要浪费上司的时间

第五章 色——像微雕大师一样雕琢你的语言

才是王道。然此段想就该文的另外一个值得取经的语言优势谈起，为我们的表达辞色取经一二——以利动人、利理并重的论证铺排设计。

在赏析学习之前同样需要先了解文章背景。《谏逐客书》是李斯给秦王的一个奏章，这件事是在秦王嬴政十年，秦国宗室贵族借韩国派水工修灌溉渠，阴谋消耗秦的国力，谏秦王下令驱逐一切客卿。秦王读了李斯这一奏章，取消了逐客令，可见其文章说服力之强。

不得不说李斯是一个"很会来事儿"的政治家，连公文都写得循循善诱、老谋深算，有种请君入瓮的快意感。

在此不得不引用部分原文，令诸位有一种身临其境的现场感。原文如下，感受一下论说气场如何：

昔穆公求士，西取由余于戎，东得百里奚于宛，迎蹇叔于宋，来邳豹、公孙支于晋。此五子者，不产于秦，而穆公用之，并国二十，遂霸西戎。

孝公用商鞅之法，移风易俗，民以殷盛，国以富强，百姓乐用，诸侯亲服，获楚、魏之师，举地千里，至今治强。

惠王用张仪之计，拔三川之地，西并巴、蜀，北收上郡，南取汉中，包九夷，制鄢、郢，东据成皋之险，割膏腴之壤，遂散六国之众，使之西面事秦，功施到今。

昭王得范雎，废穰侯，逐华阳，强公室，杜私门，蚕食诸侯，使秦成帝业。此四君者，皆以客之功。由此观之，客何负于秦哉！向使四君却客而不内，疏士而不用，是使国无富利之实，而秦无强大之名也。

一口气陈列四王八贤，这气场足以振聋发聩。铺排在辞赋中多为增强文章气势，展示作者才华，而在论说文中则是论证充分、说理透彻的神来之力。这段文字有以下三处可取之妙：

> 有意而言，意尽而言止者，天下之至言也。
> ——苏轼，宋代词人

说话周到比雄辩好,措词适当比恭维好。
——培根,英国散文家、哲学家

(一)无可辩驳之妙

文章开篇铺排论证所列举秦穆公、秦孝公、秦惠王、秦昭王四人均为秦王先祖,其身份、情感、行事、功绩均不容被说服者辩驳。若此处选用楚国、赵国或其他任何一国君主善用人才的案例必将引起秦王不悦,在情感认同上会有一种长他人志气灭自己威风的情绪。而运用秦王先祖的例子在感情与身份上更容易被认同。这就像我们教育孩子如果总拿他们与别人家孩子比较,久而久之孩子会有逆反心理,但若能够现身说法,爸爸小时候是这么做的,妈妈小时候是怎么选择的,孩子在心理上会更趋于认同。

文章第二段论证"秦王重物轻人"更是将"无可辩驳"的妙处发挥到极致。李斯历数秦王喜好的珍宝(致昆山之玉,有随和之宝,垂明月之珠,服太阿之剑,乘纤离之马,建翠凤之旗,树灵鼍之鼓)、美女(郑卫之女)、珠玉(宛珠之簪,傅玑之珥)、华服(阿缟之衣)、良驹(骏良駃騠不实外厩)、声乐(《郑》《卫》《桑间》《韶》《虞》《武》《象》者,异国之乐也)均不产于秦,皆取而用之不问出处,最后诘问:"今取人则不然。不问可否,不论曲直,非秦者去,为客者逐。然则是所重者在乎色乐珠玉,而所轻者在乎人民也。"秦王此时若否定则表明接受李斯谏书,承认逐客错误;若承认"重物轻人"的结论,则与心中的霸业相去甚远,此时只能默默盘算闭口不答。

启示:在选择论证语言时一定要揣摩对方的心思,不仅要巧妙地设计说服立场,包括对方的情感体验与理性认同,还要一语中的,让对方毫无反驳余地。

(二)有的放矢之妙

这篇谏书之所以有排山倒海、不容分辩之势,还在于作者在组织论证构思时对案例进行了以上统下、归类分组的逻辑整合。首先这是一篇"陈言论事"的公文,李斯上书是给秦王嬴政,如果不熟悉这个人，不揣摩这个人的愿望、想法，不去迎合他的心理需求，那就很容易碰壁。而文章说理的成功之处就在于李斯准确把握了秦王欲成"秦之霸业"的野心，以此为目标确定论说主题，即所谓"明确目标定主题"。然后有针对性地在秦国客卿史中选择同类人物、相近功勋进行归类整合，使得说理火力集中力道劲猛。文中提到的由余、百里奚等八位来自不同国度的客卿，都在全力以赴做着同一贡献——"强秦"，因此第一段论证归结点落在"向使四君却客而不内，疏士而不用，是使国无富利之实，而秦无强大之名也"。而第二段在历数秦王所喜之物皆非产于秦，反诘秦王"重物轻人"之后同样以"此非所以跨海内、制诸侯之术也"作为归结回归主题，充分体现了有的放矢、弹无虚发的论证魅力。

启示：在论证中观点就像是语言的灵魂，统率全局。只有知己知彼、目标明确、箭无虚发的语言才能刺中痛点、说服他人，避免自相矛盾使论证沦为无稽之谈，也防止隔靴搔痒使论证显得虚弱无力。语言的力道也需要目标明确，劲往一处使。

（三）逻辑递进之妙

不得不说李斯在选择论证语言时头脑相当清晰，有条不紊循序渐进，且滴水不漏。在第一段中第一条语言表达线索是时间逻辑轴——由秦穆公到秦昭王按照历史时间进程循序而来，毫不纷沓杂乱。第二条语言表达线索则以秦国由弱到强的发展变化为逻辑轴——由"遂霸西戎"到"秦成帝业"按照逻辑递进的表述方式，让说理层次清晰、条理分明，且在力度上有一种"一浪高过一浪的接力感"。第二段中说明重物轻人、驱逐外来人才的错误，推论符合逻辑递进、立意超卓不凡，具有一种高屋建瓴的气势和撼动人心的力量，这段设喻丰富多样，写法灵活多变，运笔酣畅淋漓，为全文最精彩的部分，前人对此极为称誉。宋代李涂说：

语言是赐于人类表达思想的工具。
——莫里哀，法国喜剧作家

语言既可以掩饰思想，也可以暴露思想。

——加图，罗马共和国政治家、散文作家

"中间论物不出于秦而秦用之，独人才不出于秦而秦不用，反复议论，痛快，深得作文之法。"此段蕴含的语言逻辑其一为由大到小、由实到虚——从昆山之玉、随和之璧、稀世珍宝，间以美女良驹、珠玉华服享受之物，最后到郑卫等异国之乐、愉情之声。其二为由物质享受到精神享受的语言逻辑。

启示：唯有遵循一定逻辑结构的语言才有层次感和力量感。这种逻辑可以是时间、空间、先后、内外、虚实、主次、因果，等等，语言的表达是一种智慧的凝结，而非文字的堆砌。

三、纵横捭阖——逻辑严密的语言结构

（一）归纳演绎的语言逻辑

1.先破后立——通篇逻辑结构

如果用结构化论证方法中归纳演绎的逻辑框架对上文毛遂的语言逻辑进行呈现，应如图 5-2 所示。

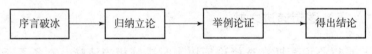

图 5-2 归纳演绎语言逻辑

上文引述的《毛遂自荐》文字中，毛遂的论证无论是由"商汤王天下""文王臣诸侯"归纳出"诚能据其势而奋其威"的结论，还是由秦楚三战三败归纳出"合从者为楚，非为赵也"，都显得天衣无缝、顺理成章、无可辩驳。严密的论证结构，其语言往往组织得滴水不漏，且层次清晰。

2.SCQA——现场故事结构

毛遂不仅逻辑清晰，且是现场讲故事的高手，能够现身说法就地取材切入论题。破冰部分符合结构化语言"SCQA"序言讲故事的结构特征，很是吊足了胃口，如图 5-3 所示。

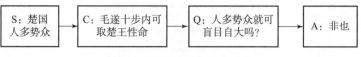

图 5-3　毛遂论证的序言结构

3. 金字塔式的论证逻辑

从论证整体来看,毛遂虽不懂结构化论证的工具,但依然运用得炉火纯青。与金字塔结构唯一不同的是中式语言结构更喜欢画龙点睛、文末点题。其逻辑结构如图 5-4 所示。

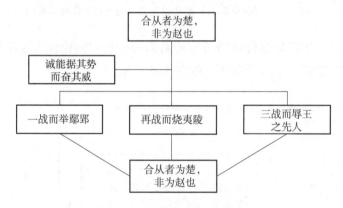

图 5-4　毛遂论证的逻辑结构

任何说理论辩都不是毫无逻辑的信口开河,有力量的语言都有着严密的思维结构和逻辑次序,而这种能力是可以训练习得的。

（二）逻辑递进的语言力度

《谏逐客书》全文多处应用归类分组、逻辑递进的逻辑工具,诸如第一段论证历代秦国君主重用客卿建功立业,第二段由物及人从反面引导秦王重用客卿的论证,最后一段的对比论证,都应用了语言的逻辑递进力度,使文章显得气势磅礴、论辩恢弘。可以说李斯对归纳论证与逻辑递进并重的语言结构驾驭能力不亚于芭芭拉·明托。

（1）以第一段引文中列举的秦国诸王的用人表现为例,来看归纳论证与逻辑递进的语言结构,如图 5-5 所示。

语言就其本质而言，是一种公众事物。
——休谟，英国哲学家

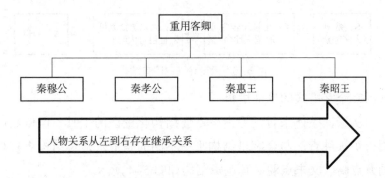

图 5-5 《谏逐客书》秦国诸王用人归纳论证逻辑递进

（2）从客卿成就秦国帝业的功绩来分析归纳论证与逻辑递进时语言逻辑关系的严密性，如图 5-6 所示。

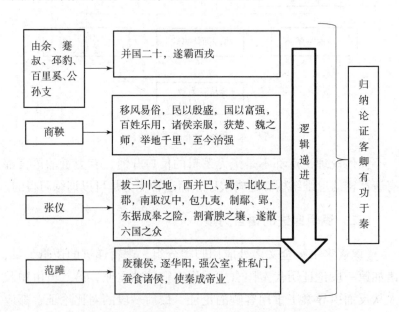

图 5-6 《谏逐客书》客卿成就归纳论证逻辑递进

（3）客卿国籍的归纳概括关系，也值得一提，如图 5-7 所示。

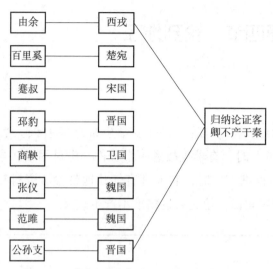

图 5-7 《谏逐客书》客卿国籍归纳论证逻辑

综上所述,语言的说服论辩力源于精巧的设计构思与清晰的逻辑构建,二者缺一不可。

> ••• **本节小结** •••
>
> 本节我们需要掌握的语言能力有以下三点:
>
> 1. 理利并容的论证立场和观点。
>
> 语言的说服力取决于你所站的立场和彼此的利害关系,因此在论证时必须换位思考,寻求理论观点和论证逻辑。
>
> 2. 旁征博引的论证铺垫和设计。
>
> 排山倒海的雄辩之词得力于旁征博引的铺垫与设计。而旁征博引的铺垫设计离不开雄厚的知识储备和严密的逻辑结构。
>
> 3. 结构严密的论证逻辑与构思。
>
> 逻辑清晰的语言往往需要表达前的逻辑整合,人们更容易被有层次的逻辑说服。不论是时间逻辑、空间逻辑、主次逻辑或者是重要性逻辑,等等。

第四节　轮到你了

（1）在我们的考场规则中有这样一句话，怎么说学生都理解有误。当规则表明"凡与考试相关的物品均不得携带"时，有学生故意不带证件、考试用具。当考场规则表明"凡与考试无关的物品均不得携带"时，有人理直气壮地带参考资料和小抄。请你根据语言表达的准确性，修改这句话，使之表达精准不产生歧义。

（2）请找出《谏逐客书》原文，阅读第二大段"重物轻人"部分文字，用金字塔结构绘制出李斯的论证语言逻辑结构图。

（3）请邀请你的小伙伴一起畅游中国古典诗词、小说及文献的海洋，每人收集15条能够体现语言表达的清洁性、准确性、简明性的文字（各5条），相互点评探讨。

（4）一位 21 岁的小伙子得了肝癌，多次住院医治后家人花光了所有积蓄，近期小伙子病情再次恶化住院，医院建议尽快移植肝脏，否则将迅速恶化。请你和小伙伴根据本章节学习的论证设计技巧与语言逻辑结构，以"募捐现款治病救人"为目的，设计编写募捐演说词为重病小伙募捐。

第六章

你想要的都在这里——写作的奇妙世界

　　写作的人像画家不应该停止画笔一样，也是不应该停止笔头的。随便他写什么，必须每天写，要紧的是叫手学会完全服从思想。

——果戈里

第一节
写好介绍，加深印象不用愁

生活无处不在分享，"介绍"就是分享的一种形式。好的介绍可以促进别人对介绍对象的认识，也可以提升他们的兴趣。

介绍根据主旨大概可以分为两种：介绍人，如自我介绍；介绍事物，如学校介绍。介绍不能一味地堆砌信息，随意发挥，而应是有主题、有结构、有目的分享。

用有趣的背景让普通的介绍变得魅力十足，用扎实的框架让重要的介绍变得层次分明，你会发现分享其实没有那么难！

● 自我介绍

言辞平平：

大家好！

我叫林远。我是一个艺术家，我平时的工作就是画油画，除了绘画，我还会做一些手工陶艺。工作之余，我有许多爱好。我酷爱旅行，去过欧洲、东南亚的14个国家。在那里我看到过许多美轮美奂的景色。有些时候我会去秦岭进行徒步运动，偶尔我也参加一些马拉松比赛。这就是我，我是林远，很高兴认识大家！

> 平铺直叙地介绍了自己的职业和爱好，辨识度不高，无法给人留下深刻的印象。

点石成金：

以"鞋子"为核心，从艺术家、探险家等方面介绍自己的特色，简洁明了。

开头提出中心思想——"鞋子"代表一个人的特点，起到总体概括作用。

紧扣"鞋子"这一主题。用具体事件说明自己的经历。最后再次用中心主题结尾，加深听众印象。

以聊天和故事的形式引入主旨，拉近距离。

大家好！

我叫林远。有人说"你永远无法真正了解一个人，除非你穿着他们的鞋子走一公里。"说这话的人一定遇到过许多像我这样的人。一个人的鞋子可以显示他所做的一切，从而让别人对他有更深刻的了解。我认为我的鞋子揭示了很多关于我的东西——不仅是我的日常活动和爱好，还有我的经历。

如果你仔细观察我的鞋子，你会发现许多与我有关的东西。我是一个艺术家，你可以看到我昨天在作油画时从刷子上掉下来的一小块油漆。你也可能会注意到大量的黏土，这是我在做陶艺时留下的。我的鞋子可以告诉你我的职业，它们也能告诉你我是谁，我做过什么、去过哪里。我一直是一个探险家、旅行者。我父亲常开玩笑说我是在流星雨中出生的。我的鞋子陪伴着我走过很多地方。它走过北欧的雪地，穿越爱尔兰的悬崖，去过东南亚的海边，穿越了14个国家。在秦岭的徒步旅行里它出现过很多次。它也见证了我的城市马拉松赛跑。所以你可以看到我的鞋子已经有点磨损了。它见证了我每天的日常活动和冒险，参与了我的生活。现在，你不妨看看自己的鞋子，你能通过它来了解自己吗？

很高兴认识大家！

● **学校介绍**

恰如其分的美

一位朋友评价我以往的毕业致辞："你的演讲不错，但有一个套路，每次不忘夸奖欧亚美丽的校园，然后再切入当年的主题。"

所以，今年提笔之际，我不打算再提欧亚校园了。

有一次，我和同学们聊天，她们不约而同地提到了校园的环境之美。我问她们："你们认为什么是美？"她们说："美就是好看，吸引人""美会让人开心，心情好""美是自然、大方""美的环境让人说话、做事不极端"。有一位同学说："什么是美，我说不清。我只是经常把其他大学的同学约到欧亚校园，让他们看看什么是美。"

我当时就批评了她，太不含蓄了。

我告诉她们一个往事，10年前，欧亚的招生很火爆，作为依靠学费生存的民办院校，一般而言，都会增建校舍、扩大招生，而我们选择了稳定规模，不再扩建。这个选择，与美的追求有关，因为新建校舍要调整规划，打破原有的空间布局，影响校园的美感。所以，我理解的美还包括"恰到好处的搭配，面对欲望的自我约束"。

看看我们校园周边如林的高楼，恐怕没有人认为它们美。在过去30年经济快速发展过程中，过剩的产能、低劣的质量、拥堵的城市空间已经成为一种见怪不怪的乱象。假如人们懂得恰如其分和自我约束，现在我们国家的经济环境、城市面貌、建筑形态也许会是另外一种景象。

俗话说，"20岁的容貌父母给，40岁的容貌则要自己给"。现在的欧亚之美来自我们的校园，未来的欧亚之美将表现在欧亚师生的风度举止上，体现在欧亚校友走向社会、面对名利诱惑时，外在的从容优雅、内心的丰富坚守。

从聊天中发现主题，点明主旨。

从学校的美上升到人生的美，升华主旨。

练习：

1. 请你为新社团成员见面，写一个三分钟左右的自我介绍。
2. 请向你的高中同学介绍大学校园。

第二节
御前秘书，从写好报告开始

好的工作报告不仅有助于跟上级的沟通，争取更多的工作支持，还能让上级知道个人对工作所做的努力，辅助职位晋升。

工作报告的要点在于简洁明了、重点突出、逻辑清晰，并附以客观准确的数据做支持（最好配有表格、图形）。同时，在礼仪上需根据汇报对象匹配得体的措辞。除此之外，若是汇报内容专业性强，切记尽量少使用专业术语，或要对专业术语进行解释，做到通俗易懂。

职场报告多涉及工作汇报和总结两种形式，它们的运用各有异同：功能上，工作汇报是针对特定工作对象进行分析，工作总结则是对工作本身进行概括提炼，是一种归纳和反思；范围上，工作汇报必定有特定的目的和对象，而工作总结中对象多元，且目的性不明显；写法上，工作汇报更注重侧重点及效果，而工作总结则更注重工作本身。总的来说，工作汇报比工作总结要更严肃严谨一些，甚至还需提出恰当的解决方案和建议。

相信你能一一攻破。

● 工作汇报

工作汇报的开头需对总情况做概述说明，如目的、依据，以及对工作整体的估计、评价等；汇报主体再分块介绍工作的主要情况、主要做法、效果、取得的经验等；最后可以提出下步工作具体意见，如果存在问题或遇到困难也可以提出来，寻求帮助加以解决。整个汇报内容中，涉及准确性的地方要以数据和材料做支撑。

言辞平平：

人力资源部每月活动报告

尊敬的各位领导：

你们好！人力资源部门本月制定了公司的人才管理流程，制定了本年度的营业额预测，部署了MyLearning学习管理系统，与此同时，我们督促并安排所有员工完成了学习《时间管理》和《结构化写作》这两门网络课程，日后我们将继续跟进员工每月学习两门课程的计划。遗憾的是，由于需要前期做大量的系统测试，原定于本月运行的MyLearning学习管理系统推迟到下月底上线。我们也会持续跟进系统的运行情况。最后，针对3月举行的一年一度的高层会议，我们将做好所有的前期准备，以备会议顺利开展。

特此报告，请领导审阅！

> 交代了工作的内容和遇到的问题，但是没有结构，容易显得思维混乱，专业性不强。

●点石成金

人力资源部每月活动报告（2020.1.1–31）

尊敬的各位领导：

你们好！人力资源部门就1月的工作情况做例行汇报。详情如下：

一、已完成工作情况

1. 制定劳动力规划：人才管理流程；
2. 制定本公司本年度的营业额预测；
3. 部署了MyLearning学习管理系统；

> 将已完成的工作分条目呈现，清晰描述。

> 汇报从已完成工作、所遇到的问题和下月计划三个方面展开，条理清晰，有数据和材料支撑，内容简洁翔实。

4. 所有员工学习两门网络课程：《时间管理》和《结构化写作》；

5. 增加三项大学生寒假实习计划已经完成并实施。

上面列出的所有项目均包含在先前制定的董事会手册中，并按时保质完成目标（第 3 条除外）。

二、所遇到的问题

由于系统需要反复进行大范围测试，原计划将于 2020 年 1 月 10 日完成的 MyLearning 学习管理系统推迟到 2020 年 2 月底。

三、下月工作计划

1. 为 2020 年 3 月举行的高层会议进行前期准备；

2. 跟进 MyLearning 学习系统测试情况；

3. 督促员工完成《职业生涯规划》《PPT 制作教程》两门网络课程的学习。

特此报告，请领导审阅！

● 工作总结

工作总结和汇报相似，不过它包含的项目数量可以更多，涉及的工作时间可以更长，所以需要有更高的概括性。同时，工作总结虽然没有明确的目的性，但要求有一定的反思和追求。如图 6-1~图 6-4 所示。

> 归纳出主题词"雕琢"，工作总结内容都将围绕它展开，并始终体现这个词。

图 6-1　工作总结 PPT 一

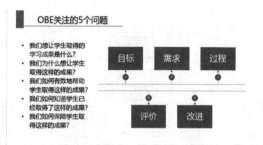

图 6-2　工作总结 PPT 二

提出工作所使用的模型，并对模型内容及意义进行一定讲解。

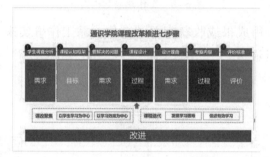

图 6-3　工作总结 PPT 三

提出结合实际情况对模型进行的更改搭配，这也是工作总结的报告逻辑。

图 6-4　工作总结 PPT 四

工作总结的报告目录与先前提出的工作逻辑一致，但最后升华提出攻玉计划，表达进一步的追求。

除此之外，常用的工作总结框架有两种：

背景可以采用序言结构，交代概况、设置悬念。工作总结可以从工作内容、所遇问题、工作收获、未来展望等方面着手，总结前一段的工作，如图 6-5 所示。

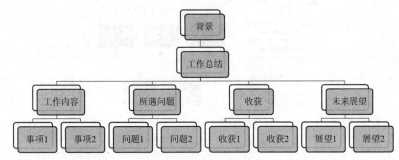

图 6-5　工作总结结构图一

也可以用成果或收获来总结工作,靠工作事实来支撑论点,如图 6-6 所示。

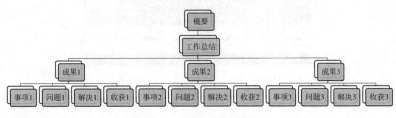

图 6-6　工作总结结构图二

练习:

1.作为校学生会主席,你需要对迎新晚会的筹备情况向负责老师进行说明,请拟写一份工作汇报。

2.作为部门或社团负责人,你快卸任了,请拟写一份任职以来的工作总结。

第三节
坚持记录,做生活的热爱者

我们总说"生活不是缺少美,而是缺少发现美的眼睛",而记录生活,能帮助我们发现并记住它的美。热爱生活的人会记录下其中的点点滴滴,不仅仅为输出自己的观点,更为见证生活的进行,或抒发自己的情感。

常用的记录有记事的通讯稿和记感的书评、影评。前者是一种详细记录事件的新闻写作体裁,讲究的是如实地描述生活事件,但又与生活流水账不同,通讯稿所涉及内容需具有新闻价值,写作也以传播推广为目的。这要求稿件标题凝练且指向明显,一般为"某地有某事";稿件内容也须有很强的时效性,并且信息准确、内容完整、语言精练。书评、影评是基于自己的理解和感想记录特定内容和情绪的载体,这要求对书本或影片有一个全面的了解。但书评、影评并非是把内容复述一遍,而是要在大量输入积累下形成自己的独到观点,从观点出发诉说某书或电影的"好"。

● 通讯稿

通识教育学院送你一场毕业季的视听盛宴

6月24日晚,通识教育学院"声动盛夏"——中外经典名曲音乐会在欧亚学院体育馆隆重举行。此次音乐会由西安音乐学院著名声乐教授、国家一级演员及其优秀研究生带来女高音、男高音独唱及二重唱、钢琴独奏、次中音号独奏等表演。本次音乐会由西安音乐学院田宝林老师、西安欧亚学院高晏老师担任主持,

标题凝练,指出"某地有某事"。

首段是标题的进一步说明。交代事件发生的时间、地点、效果、具体内容。

真实客观地介绍事件主要过程、内容，可按时间顺序的逻辑来递进。

对事件及其效果进行总结说明，点名事件的意义。

让观众们在经典音乐中度过了一个美妙的夜晚。

此次音乐会影响甚广，除了在校师生、毕业学生、师生亲友、爱好音乐的校外人士也积极报名，体育馆座无虚席，网络直播的在线人数达到了 2 000 余人。校内外众多媒体对这场音乐盛宴进行了报道。现在就让我们对音乐会盛况进行一个简要的回顾。

……

各位老师优中择优，选取一首首有代表性的咏叹调倾情演唱，将《浮士德》《托斯卡》《茶花女》等著名歌剧带到观众身边，给了观众一个近距离接触世界名曲的机会，并在其中流连忘返。校内外嘉宾、欧亚师生及广大校外音乐爱好者均对本次音乐会做出高度评价，认为是"聆听天籁"，同学们也认为"这是在课余十分有意义的体验"。由于现场邀请了老师对曲目进行分析与讲解，音乐基础薄弱的观众也能体验到深沉又富于变幻的音乐思维及人生表达。同时，大家也被艺术家们的精神感染，敬佩他们对职业的热爱和对专业的追求。

在这个盛夏，我们用一场音乐盛宴与过去做一次告别，也与更加多彩的未来打了一次不同寻常的照面。

（转自"Eurasia 全人教育"，2019 年 7 月 4 日）

根据自己理解，提炼出书评的主旨。

● 书评

《橘子不是唯一的水果》：选择意味"失去"，但命运还有无数可能

"生活是悲喜交替，茫然让你错失良机，最终失意。勇气，还你奋力前行、逆流而上。"

喜欢这段话，就像喜欢《橘子不是唯一的水果》里的主人公珍妮特一样，她是一个倔强的小孩，面对着家人、朋友的质疑和

打压，从愚昧接受到反抗独立，最终"成为自己"，按自己的意愿去过一生。

《橘子不是唯一的水果》是英国女作家珍妮特·温特森的第一部小说，一经上市便获得声誉极高的英国惠特布莱德小说奖。这部半自传体的小说讲述了珍妮特面对亲人的质疑、朋友的反目和周围环境打压时，依然坚持自己的意愿，最终获得想要的生活以及与家庭达成和解的过程。作者用珍妮特成长经历阐述了一个道理：当限制我们的围墙坍塌后，其实目之所及之处还有别的世界，命运还有无数可能，正如橘子从来都不是唯一的水果一样。

童年视角下的"我"，追溯的是顺从、无知和愚昧的渊源

"我"和大多数人一样，跟着父母生活了很久，面对父亲的懦弱和母亲的强悍，7岁的"我"对母亲的"光明正义"习以为常。

……

初次接触学校和外界的感受，是珍妮特童年感触到的失落与内心烙下的阴影，在珍妮特的潜意识里，她认为一切不合心意的东西都是"魔鬼"，同时认为人越"圣洁"，得到的"福音"就会越多，而上帝是一切的主宰。珍妮特怀揣着这种观念度过整个童年时光，这也是她愚昧无知的渊源。

少女视角下的"我"，展现的是从愚昧中觉醒后的抗争与重生

随着"我"的长大与才华初现，她开始帮助母亲去"布道"，所谓"布道"就是以传道士的身份将"爱"广泛传播，比如说吟诵《圣经》的光环中，让众人感受"上帝"的神圣与灵验。

母亲对于"我"的成长速度非常赞许，而"我"也渐渐地成为母亲眼中的"骄傲"。直到"我"和布兰妮认识后，这种"和谐"逐渐被打破。

……

"墙是庇护，也是限制。墙的本质注定了墙终将倾颓。"这是

从三个方面进行分析评价，分别是童年的"我"、少女的"我"和作者眼中的"我"。

看似分裂——前两部分的主体为小说，第三部分为作者。但由于作者与小说主角的相似性，书评其实按时间顺序来书写。

前两部分以小说为主体，所以书写结构也相似：由主题出发，梳理不同时期主角的心理发展特点，每小节最后一段再进行梳理说明和点评。

"我"在母亲烧光信件后的感触,这句话有两重隐喻的含义:第一重隐喻是母亲烧毁信件和卡片的行为令"我"像墙倒塌一般瞬间心死;第二重隐喻是对母亲的信任与依赖也化为乌有。而"墙的倒塌"也暗示了"我"心理与意识的觉醒,以及对长期"禁锢"后思想的重启,为日后的抗争埋下了伏笔。

与"我"对爱的固执不同的是,布兰妮选择屈服,在教堂进行了忏悔,并选择很快嫁人。怀着对爱情的热烈渴望以及泯灭后的绝望,"我"离开了小镇,离开了母亲"冷钢般"的眼神与冷漠的亲情,去追逐外边的世界,去探寻另一种生活。

这是珍妮特与顺从模式的告别,更是对于"初心"的坚持,也是选择与过去进行告别,更是对于早已注定的命运之抗争。

作者视角下的"我",是"按自己意愿过一生"的坚定与特立独行

《橘子不是唯一的水果》算得上是作者珍妮特·温特森的半自传体小说。作者本人跟文中主人公珍妮特的经历相似,她们同样是从小被笃信基督教的家庭收养,都因16岁时爱上一个女孩而被家庭视为"魔鬼",后被赶出家庭,被迫在殡仪馆和精神病院一边打工,一边完成了牛津大学的学业,所以作者用了珍妮特来命名小说主人公。

从作者的经历中,可以看出:作者和小说中的"我"有着相似的成长经历。比如她们童年时期同样对母亲逆来顺受,而到少女时期同样"离经叛道",成年时期同样有着"重塑崛起"的意识及特立独行的性格。

尽管作者本人成年后跟母亲往来稀疏,但是童年的生活经历却挥之不去,她一直陷入童年的"魔咒"中无法挣脱。比如她用了创世纪、出埃及、利未记、民数记、申命记、约书亚、大审判、路得记等标题。

这些标题源自她童年读的《摩西五经》,之所以沿用这些标

从作者和小说主角的共性出发,挖掘作者在生活中的现实,并发现童年经历带来的影响。

第六章 你想要的都在这里——写作的奇妙世界

题来命名小说，既有对母亲隐晦的感情，也是对于虔诚"教育"的铭记，换句说话，也是内心对于母亲的思念与心中的爱之翻滚。

只不过"爱有多深刻，结就有多难解"，无论是对于作者，还是小说中的珍妮特来说，想走出母亲构建的"围墙"，只有远离母亲，去远方生活。

从某种程度上来说：这种远离产生的"断交"既是对旧时代的告别，也是经历了极度愚昧麻木后的清醒和重新的选择。而珍妮特通过尝试不同新生活，让自己不断地觉醒，最终按照自己的意愿过一生，这种改变就叫：成长。

而值得庆幸的是，小说中的主人公珍妮特多年后在不自觉中回到了家，母亲对她的归来也毫不惊讶，她们像多年前一样交谈着日常生活，好像她从未离开过一样的熟悉。不同往常的是母亲说了一句"与众不同"的话：橘子不是唯一的水果。

而在这之前，对于母亲来说"橘子是唯一的水果"，她的眼中的水果只有橘子。"橘子不是唯一的水果"既是母亲与她生疏后的和解，也是小说的书名，这意味着母女之间的怨怼和矛盾，最终完成了"宽容"与"接纳"，更是与"爱"之和解。

就像文中所说：悲喜交加，无有终点。悲和喜都是一种内心感受，它从来没有起点，也不会有终点。而选择勇气，也是达成和解最好的方式——只有持续前行才能欣赏到"生活在别处"的风景。

总结

选择不一样，人生才能不一样。而庆幸的是主人公珍妮特选择了远行，由此我想到了塔拉·韦斯特弗在《你当像鸟飞往你的山》中的女主人公，她们同样都是因为家庭教育而曾经愚昧和绝望，后又通过抗争、离开而重塑自我。

她们有着同样的倔强，同样对新生活充满渴望，同样想要具备独立个性，同样对美好生活有着憧憬。尽管勇敢地离开并没

> 重提书评主旨，实现主旨内容的升华。常用的升华方式角度有高度、深度、广度、温度。
> 从其他文本寻找具有共性的案例也可增强说服力。

有让她们内心获得"解脱",但却逼着她们"没有退路,不能回头",正是这种决绝反而让她们获得了不一样的人生。

尽管在童年的阴影下,她们终究无法像普通人那样轻而易举能打开心扉,无法尽情去爱,但就像《橘子不是唯一的水果》和《你当像鸟飞向你的山》这两本书传递的思想一样——值得被赞扬的还有坚持自我的勇气和永不怀疑曾选择过的人生。同时,它传达一种理念:选择或许意味着失去,但只有勇敢告别过去,生活才会有无数可能。

(转自今日头条·爱读书的百合,2020年4月7日)

练习:

1. 迎新晚会结束了,请就此事件写一篇通讯稿。
2. 请挑选一本书或一部电影,写出你的书评或影评。

第四节
一封邮件，人与人高下立判

不论是大学生，还是公司职员，在日常的学习和工作中，电子邮件无时无刻不与我们产生着紧密的联系。邮件不需要长篇大论，需要：

（1）使用得体的称呼和落款。
（2）直截了当、明确而简洁的主题行。
（3）开门见山地用最精简的语言把事情说清楚。
（4）展现必要的礼貌。
（5）写好邮件的必杀技是"结论先行"。

你知道怎么写了吗？

下面是一位申请读研的同学的 E-Mail 表达：

言辞平平：

主题：李老师抱歉
李老师您好：

  我开学前的周一给您发了中文邮件，然后您没有理我，我又把同样的内容发了英文版的给您，等了两个礼拜还是没有收到回复，我以为您已经招到了其他学生，所以眼看着现在已经开学一周了，我同学都在联系导师，我怕落空所以几天前联系了另外一位导师，也跟他说好了，希望您能理解。

         ×××

> 主题行信息不明确，容易被收件人忽视。

> 称呼、落款处格式不正确，正文部分表述不清晰，没有结构，导师收到这封邮件后很难明白这位同学要表达的意思。

明确表述邮件内容，简洁明了，能把收件人带入邮件正文中。

称呼得当，正文部分用到了"结论先行"。语言简练，有祝福语，落款处信息完整。

点石成金：

主题：关于更换读研申请的原因说明——××系××班×××

尊敬的李老师：

　　您好！

　　非常感谢您和您的团队考虑我的读研申请。十分抱歉，我已联系好了另外一位导师。

　　两周前给您发了个人简历，一直没有收到您的回复，不知道您是否收到。或是不太满意我的学校背景。同学们都在联系导师，我怕申请落空，便换了另一位导师。

　　我对您的研究方向非常有兴趣，希望以后还有其他机会在您的团队学习。再次抱歉。

　　祝您工作顺利！

×××
××系××班
××年×月×日

练习：

　　大学生艺术节的第二次筹备工作会从周一早上9点改到周四下午3点，作为会务秘书，请拟写一封邮件将此消息告知所有参会人员。

附录
能够帮助你提高写作能力的写作类书籍

1.《七十二堂写作课》

夏丏尊，叶圣陶　著

开明出版社，2017年9月

这两个作者的名字本身就保证了图书的质量。作者非常详尽地向我们介绍了怎样讲好一个故事，怎样说清一个道理，怎样写出感人肺腑的文字，怎样写出惊心动魄的文案……书中文章均选自二人合编的《国文百八课》。

全书一共七十二讲，几乎涵盖了所有的文章及文学体裁，记叙、说明、议论、应用、诗歌、小说、戏剧、散文，每一类别都有十分精当又浅显易懂的简介与指导，是人们学习写作、提高写作技能不可不读的好书，非常适合零基础写作者学习。

2.《高效写作的秘密》

［美］杰拉尔德·格拉夫，凯茜·比肯施泰因著

天地出版社，2019年9月

相对于其他的写作书籍来讲，这本书非常适合那些想要提高自己的论辩能力的写作者阅读和学习，是美国1 500多所院校指定的写作教材。

作者指明了在写作中以文字为媒介说服性论证的关键技法，并将其总结为易懂实用的45类262个模板，阐述了文学

评论写作、社会科学写作与自然科学写作要领，有助于读者掌握写作的基本方法，写出见解独到、逻辑清晰、结构完备的佳作。

3.《完全写作指南》

［美］劳拉·布朗 著

江西人民出版社，2017年3月

正如这本书的标题一样，基本上你在工作、学习中，甚至生活中所有的写作问题都可以在这本书中找到答案。此书颠覆了"目标—读者—头脑风暴—组织—写初稿—修改"的线性思维写作方法，为读者提供了200余个写作模板，所以，你可以把它当作一本工具书，即学即用。

但它明显比工具书具有更强的可读性，因为对每一篇范文作者都有详细的解读和指导，而且排版真是赏心悦目。

4.《一本小小的红色写作书》

［加拿大］布兰登·罗伊尔 著

周丽萍 译

九州出版社，2017年4月

正如书名一样，小小的、红色、写作书。此书最大的贡献在于总结出了20条适用于所有人的高效写作原则，教那些需要学习商务写作的人如何写出一篇重点突出、条理清晰、令人印象深刻的文字。结构里有结构，在20条原则里又按照写作的四大支柱：结构、风格、可读性和语法四个类别划分，文不甚深、言不甚俗，同时辅以针对性的练习。你以为它简单？它却是哈佛大学毕业生写的写作入门书，美国常春藤名校入学考试必备读物。如果你想在写作上更上一层楼，那么最好还是先看看这本书。

附录　能够帮助你提高写作能力的写作类书籍

5.《小说课》

许荣哲　著

中信出版社，2016 年 7 月

正如书中所说，这是一个讲好故事比写说明书更重要的时代。许多人认为写作需要天赋，但凡是能够通过训练提高的事物都必定有诀窍，讲故事也一样。全书引用古今中外 60 多部经典作品，分享了 60 多种创作手法，但全书又没有其他写作理论类书籍的高深晦涩，作者将一篇篇作品的匠心之处娓娓道来，又解析得生动传情，即使每个故事就是那么一个片段、一个瞬间，读者也会禁不住与作者一起顿悟、微笑、捶胸、喟叹。这得益于作者饱览群书后独具慧眼的选择和提炼。

一个章节、一个角度、一部作品，可以把它看作一本优秀荐读，更可以看作一部欣赏指南。对于有志于学习写作的人来说，不妨先从写故事入手。

6.《故事力学——掌握故事创作的内在动力》

[美]拉里·布鲁克斯　著

中国人民大学出版社，2016 年 4 月

作为创意写作书系之一的这本书，很明显是为创意写作准备的。顺便再推荐一下创意写作书系，包括《小说创作技能拓展》《故事工坊》《网络文学创作原理》《诗性的寻找——文学作品的创作与欣赏》《故事力学：掌握故事创作的内在动力》《故事思维》《故事课》《哈佛非虚构写作课》《这样写出好故事》《故事写作大师班》《写作这回事儿：创作生涯回忆录》《故事技巧》《故事工程》《开始写吧》等 65 本。这套书从创意、观念、故事、叙事、作者生涯多个角度阐述了创作实践，适合教师和学生共同阅读。如果你有志成为作家，建议学习全套创意写作书系。

《故事力学——掌握故事创作的内在动力》这本书内容包括：理解并运用六种故事力量，这些力量在你的小说中一直在产生潜移默化的作用；把你的故事创意转化成充满戏剧张力的概念；在人物、冲突、子情节、背景语言等方面，合理化你的选择，形成作品产出。这些文学力量将帮你提升你的故事品质，避免你的投稿进入退稿堆。

正如一名阅读者所说：故事的力量就在那里，等着你去发现。

7. 耶鲁写作课

[美] 利·塞德尔·坎比 著

江苏凤凰科学技术出版社，2019年6月

《耶鲁写作课》是耶鲁大学教授指导学生写作的教科书。作者经过长期的思考与研究后认为，写好一篇文章需要解决三个层面的问题：清晰的思路、恰当的表达、规范的书写。本书通过"说明文""议论文""描写文"及"记叙文"四个部分，把不同类型文章创作的核心问题及技巧系统简约而完备地展现给读者，使他们在写作的道路上得到更可靠的指导。作者为名校的名教授，对写作研究极为精深，书中提出的方法系统而实用，语言简洁，选篇经典，是指导青年人写作的上上之作，不少学生表示相见恨晚。

8.《文案创作完全手册》

[美] 罗伯特·布莱 著

北京联合出版公司，2013年9月

可以把这本书看作《完全写作指南》的姊妹篇，都属于后浪出版，装帧风格也一样。红色的、厚厚的大部头，很有分量。

这本书更偏重于广告文案创作，作者罗伯特·布莱是享誉美国广告界的传奇文案写手,他的写作技巧曾被广告人大卫·奥格威大加赞赏。与他合作过的客户包括IBM、《福布斯》、朗讯科技、《医疗经济学期刊》等。

书中包含了一些新想法、新例子和新的观察结果,它们能够帮助你增加文案作品的销售能力。即便是"老手"也会从中发现一些新想法,或是能在客户面前让陈旧的点子更有卖点。如果你是文化传媒专业的学生,可能更适合读这本书。

9.《麦肯锡商务沟通与文案写作》
戚风 著
天津科学技术出版社,2019年5月

麦肯锡系列的书都比较偏商务,比如《麦肯锡教我的思考武器》《麦肯锡教我的写作武器》《麦肯锡教我的谈判武器》《麦肯锡教我的逻辑思维》《麦肯锡教我的写作原理》等,注重从思维构建入手,添加大量案例,最后教给大家经验。

但是,写作本身是思维的表现形式,因此,要想学习写作技能,倒不如先学习思维技能。

10.《大师们的写作课》
舒明月 著
江苏文艺出版社,2016年10月

知乎大V、畅销书作者采铜评价这本书:"成为高手的关键一步是什么?知道好的东西是什么样的。好的师父会告诉你什么是好的,并指出做出这些好东西的路径。在写作这件事上,舒明月就是这样的师父。"

这本书适合阅读的人很广泛,因为从内容上来说,它拆解了三类写作人的写作心法。第一类:文学大家,如鲁迅、张爱玲、沈从文、严歌苓、川端康成、菲茨杰拉德等；第二类：畅销书作家，如金庸、安妮宝贝、冯唐、郭敬明等；第三类：自媒体红人，如王璐、六神磊磊、知乎大V肥肥猫等。从写作理念到写作方法进行了全面解读，重新定义了什么是好文笔，什么样的写作真正让人喜欢。所以根据个人发展方向，可以重点学习其中的一个类型，但是，掌握其中任何一种写作技能都会受益无穷。

11.《学术写作指南》

[英]斯蒂芬·贝利 著

中国人民大学出版社，2020年1月

作为大学生来说，论文写作是不可避免或者说是必须掌握的写作类型，但是传统大学里一般不专门开设此类课程，使得学生写作论文十分困难，此书可以作为一个论文写作的指路明灯。

内容由五个部分组成，即学术写作过程、写作元素、写作的语言、写作的词汇、写作模式，共42个小节，详细阐述和解释了学术写作的每个阶段。从选择课题、阅读文献、整理笔记直至罗列参考文献和校对。每个部分都配备相应的练习，并提供参考答案。同时，作者的网站上还可以提供教学笔记、更具挑战性的练习等补充内容。这些功能对于所有在学术写作方面没有经验的学生非常有用。

12.《芝加哥大学论文写作指南》

[美]杜拉宾 著

雷蕾 译

新华出版社，2015年9月

70多年来，该书经过数次比较大的增补修订，已成为全美论文写作指导书中的经典，是全美乃至全球学生和研究者写作各类论文的入门指导书和必备参考书。

全书分三部分。第一部分涵盖了研究和写作的过程，对如何提出研究问题、深入挖掘问题，如何寻找文献、规划论证、设计初稿、草拟论文，如何用表格、图形呈现论据，如何修订草稿等，都给出了比较详细的建议。第二部分对论文写作中常用的引文格式、注释、参考文献格式，以及引证中需要注意的问题等，都给予了全面系统的讲解，并提供了大量经典用例。第三部分阐述了芝加哥格式的编辑体例，对论文写作中常见的体例问题，如拼写、复数、所有格、标点符号、引文、图表、引注、参考文献的格式规范等进行了详细的说明，提供了丰富的例证。

该书对撰写任何级别的学术论文、学术专著都是很好的参考，对于国内学者按照国际规范总结研究成果在国际刊物上发表也有一定的指导意义。迄今为止，该书已销售超过 900 万册。相信在本书中你关于论文写作的迷惑会迎刃而解。

13.《学术写作指南——100 位杰出学者的写作之道》
［美］海伦·索德　著
人民日报出版社，2018 年 11 月

本书与前面两本工具性的学术写作书籍不同，是作者通过对 100 位大家进行深度访谈，总结出这些卓越学者在写作方面卓有成效的四大基础习惯——行为、手艺、社会和情绪，并通过一系列的实战策略，帮助写作者养成自己的"基础习惯"。它的另一个贡献在于不仅让你了解了 100 位学者的写作之道，同时也颠覆了一个思维误区——学者的文章一定是深奥而枯燥、乏善可陈、死板而僵硬的。新西兰奥克兰大学教授布莱恩·博伊德的评语是：它会让你情不自禁地开始学术写作。

14.《通识写作：怎样进行学术表达》
葛剑雄　主编
上海人民出版社，2020年7月

本书的产生应源自复旦大学通识教育中心在2019年推出的学术写作指导计划，该计划组织了学术写作系列讲座，由来自不同专业的擅长学术写作的教师，指导学生在写作中如何形成问题意识，如何组织布局，如何分解问题以及如何考虑读者。这些教师包括复旦大学历史学系副教授欧阳晓莉、哲学学院副教授郁喆隽、化学系教授王鸿飞、国际关系与公共事务学院教授熊易寒等，他们贡献了诸如《论文写作入门》《论文的选题和写作》《我思故我在》《互联网时代的学术阅读和文献管理》等讲座。2020年，复旦大学将这些讲座结集出版。

之所以推荐这本书，是因为它产生自大学的土壤，更能体现现今高校写作课程改革后对学生培养的需求。从体例上来说，也不同于传统的教材，更有学理的深度，更带有研究者的个人观点。同时，对于专业学生来说，了解通识写作，是通向专业学术写作重要的一步。

15.《高效阅读的秘密》
［日］斋藤孝　著
胡佳　译
四川文艺出版社，2020年5月

没有输入就没有输出。阅读作为最重要的写作输入途径，却被很多人忽视，或者不会高效阅读，就更凸显了这本书的价值。

本书从高效阅读的基本逻辑到推动高效阅读的原动力，作者都进行了详细阐释并给出55个行之有效的阅读方法，为读者开启高效阅读的触发器。掌握高效阅读的秘密，让人在1分钟选出合适的书，3分钟掌握关键内容，不仅聚集大量碎片时间，还能引发关于高效阅读的思考力，进一步提升影响力和表达力。

相对于其他大部头的书来说，这本书更加通俗易懂，适合那些入门级的阅读者。

16.《如何阅读一本书》
［美］莫提默·J. 艾德勒，查尔斯·范多伦 著
郝明义，朱衣 译
商务印书馆，2004年1月

既然提到阅读，就不得不提这本经典书籍。本书是一本阅读指南，一本指导人们如何阅读的名作，曾高居全美畅销书排行榜榜首，自问世以来，好评甚多，再版多次。书中介绍了阅读的方法、技巧，阅读所应具备的广阔视野。其中关于阅读的四个层次——基础阅读、检视阅读、分析阅读和主题阅读被人们广泛实践。作为大学生来说，更应该掌握这样的阅读技能，才能不断提高写作水平。

17.《写作是最好的自我投资》
Spenser 著
中信出版社，2018年10月

有许多人正是看了这本书才发现自己对写作原来是热爱的。推荐这本书的原因不仅在于作者是香港第一自媒体人，百万微信订阅公众号"Spenser"创始人，写过多篇百万阅读爆款文，还在于由于作者的经历和背景造就这本书比较适合信息时代的写作特征，即关注如何写出有传播力的好文章，如何靠写作来打造个人品牌。

书的内容比较全面，全书框架依次是分析写作困境，写作准备，现时代写作的特征，如何让作品更有吸引力，如何写故事，如何让思维更有逻辑性，并附加了职场专业文章写作的方法论和

新媒体写作方法,基本上是作者自己的写作经验分享。正因为如此,所以读起来丝毫没有隔阂,带入感很强。对于想要靠新媒体写作捞一桶金或者打下一方天地的写作者来说尤其适合。

18.《写作7堂课》

秋叶 著

人民邮电出版社,2019年10月

这本书是秋叶写作特训营配套教材,书中写作方法更倾向于新媒体写作。介绍了框架式写作、复利式写作、碎片化写作、联机式写作、结构化写作、清单式写作、复盘式写作7种写作方法,故名《写作7堂课》。

在人人都是自媒体的时代,写作其实无处不在。这本书重新定义了写作这个行为,即写作不是一定要准备好才能动笔,它是一种随时随地都可以进行的行为。它的另一个特点是,基于作者在新媒体方面的成功经验,借写作向大家打开了一扇转换思维的大门。

19.《写作变现:新媒体爆款高效进阶》

顾一宸 著

化学工业出版社,2019年7月

适合新媒体写作人员学习。从写作入门、套路、框架、标题撰写、运营及变现等方面,深度解析如何写出自媒体爆文,以及如何通过各种自媒体平台实现变现。

20.《如何高效写作》

[日] 芝本秀德 著

陈镠霏 译

文化发展出版社,2018年6月

时下图表+文字的写作方式正越来越流行。这些书籍的特征是可视性强，读起来不费力，关键是借助图表，可以更加清晰地展现作者文字中要表达的意思。读者借助图表也更有利于理解，日后更方便借助资料进行展示。《如何高效写作》就是这样一本书。

这本书和很多日本人写的书一样，开本小，简明易懂，适合传播。除了以上原因之外，在笔者看来，还有两点是非常重要的：一、指出了写作前设计（思考）的重要性；二、区分了技巧、能力（写作、思考）的差异。有的时候我们以为我们提笔就可以写作，事实上是因为不够了解写作的程序，有的时候，我们埋怨为什么总也写不好，可能是因为还没有掌握写作的技能。

忘了告诉你，这本书和其他同类书籍一样的一个特征是，工具性比较强，易上手。

21.《学会写作——成为真正会表达的人》

刘杨　著

九州出版社，2017 年 9 月

推荐这本书的理由有以下几点：

1.非常强的逻辑性和结构性

教写作的书非常多，但是让人能记住的很少，而且记得分明的更少。逻辑性本身可以帮人达成这样一个目的。全书 257 000 字，从 7 个步骤来进行，分别是写作热身、积累素材、掌握文章的叙述方法、行文的逻辑、锤炼语言、模板写作法、新媒体写作。套用作者的观点，文章有筋（价值观）、骨（行文框架）、皮（语言风格）、肉（叙事技巧），除了"筋"之外，其他均做到了手把手传授。

这本书的逻辑性还体现在它的"面貌"上，所谓面貌是指读者看到它的样子，这个面貌如何能够帮助读者把握框架、梳理重点，这一点作者都帮你想好了。每一节的开头都会有一个思维导图，将本节的知识重点和框架直观呈现出来，有利于读者全面把握,也有利于读者选择概读或者深度阅读。节后又有很明确的重点小结,往往简明的几句话,代表作者对本章内容的回顾,更代表作者的观点,读者可与自己的理解进行对照。

2. 与时俱进,符合更广泛的阅读群体。

这本书与一般写作书的不同之处还在于它的最后两章,加进了模板写作和新媒体写作。在模板写作里除了传统的公文写作模板之外,更重要的是给出了讲故事的模板,用美国好莱坞式编剧、印度宝莱坞式编剧、经典韩式编剧、经典日式编剧、经典法式编剧5种故事模式基本囊括了所有的创作模式,想象起来很强大。

作者刘杨不仅是自媒体公众号的创作者,还在网络上开设写作培训课,辅导过近10万学员,可以说对新媒体写作非常熟悉。而自媒体时代对新媒体写作的需求越来越多,这一章可以说挠中了许多人的痒点,如果你也想靠写作来养活自己,不妨拿来细读。

3. 谆谆教导,诲人不倦

附录一的"写作基础50问"看似是解决初学写作者的各种疑难杂症,其实是对写作要点的系统整理,从态度、知识、技能到习惯,总之人人都梦想着成为写作高手,但如果写作仅止于梦想而没有行动,那只不过是一场镜花水月的梦而已。

正如作者在后记中说的,写作是工具,是技能,是生活态度,它超越专业、年龄、经验,在另外一个层面上实现了人人平等,只是你需要从现在开始,鼓起勇气,迈开第一步。

22.《如何阅读:一个已被证实的低投入高回报的学习方法》
[美]艾比·马克斯·比尔 著,刘白玉 等 译
中国青年出版社,2017年5月

这本书介绍了深受常春藤盟校师生欢迎的"普林斯顿阅读法",尤其是书中提到的专注力阅读、快速阅读和有效阅读方法,

在今天碎片化阅读的时代可以说极为适用。

作者虽然为美国人,但是本书内容好懂,很具有可读性。书中不仅给出许多阅读方法,同时也相应给出许多练习,爱读书的你如果能够跟着作者的脚步扎实走过去,相信一定会提高阅读效率,进一步带动写作素材积累、灵感呈现、语言组织等能力。

23.《别告诉我你会记笔记》

[日]美崎荣一郎　著,糜玲　译

中信出版社,2015年9月

一向认为中国的教育过程中是缺乏笔记教育和学习的。太多的学生从小到大埋头于书本之间,孜孜不倦地记录着笔记,却不知道自己的笔记方式不但根本无助于学习,反而有可能变成学习的负累。良好的笔记方式不仅可以提高自己的学习效率,也会让学习者养成良好的思维习惯,并进一步养成分析问题和解决问题的能力,以及终身学习的习惯。

这本书的价值就在于,它颠覆了中国许许多多学生的笔记概念,从笔记本的选用到笔记方法的介绍非常详细。在笔记方法中还细分为以笔记本为工具的工作方法,以笔记本为工具的时间管理法,并进一步区分与自我投资相匹配的笔记法和与数字化工具结合适用的笔记法。加上日本人非常善于使用的图文结合法,本书虽然可以看作工具类书籍,但是却有用有趣。

24.《视觉笔记:如何高效阅读一本书》

詹茜　著

北京联合出版有限公司,2019年7月

视觉笔记是近年来流行的记录方法,与传统笔记比起来,更强调视觉思维,记录者能够快速地将文字性的内容用视觉笔记的方式呈现，从而使原本也许枯燥的内容变得生趣盎然。本书通过视觉笔记的形式讲述高效阅读的 6 大核心步骤：快速阅读—精读—主题阅读—阅读笔记的制作—阅读后的输出，形式上图文兼备，内容上活泼有趣，有助于读者学会视觉笔记的绘制，掌握高效阅读的秘诀。但是有一点，如果读者想实践视觉笔记，也许对绘画功底有一点小小的要求。

25.《快速阅读》

[德]克里斯蒂安·葛朗宁　著，郝浠　译

中信出版社，2010 年 12 月

　　许多人都会慨叹一种现象，那些每年读 200 本书以上的人是怎么做到的？怎么自己拼死了劲去读，过不了几天就会放弃？读书是重要的、必要的，但是如何读书确实是一门学问。

　　《快速读书》的作者就看到了许多读者的这个痛点，并有针对性地给出解决办法。成功阅读要从掌握学习技巧开始，眼睛的移动是阅读的关键。书中提出了"视觉阅读"进阶法，用实用练习、趣味测试、知识普及和视觉卡片等阅读辅助工具，帮助我们从分行阅读到逐段阅读，再到整篇文章阅读以及整本书阅读，逐步学会调动五种感官、集中注意力、培养理解力、增强记忆力、提高阅读速度，轻轻松松成为阅读高手。

参考文献

书籍文献：

[1][美]芭芭拉·明托.金字塔原理[M].海口：南海出版公司，2013.

[2]王琳、朱文浩.结构性思维[M].北京：中信出版社，2016.

[3]王世民.思维力：高效的系统思维[M].北京：电子工业出版社，2017.

[4]李忠秋、刘晨、张玮.结构化写作[M].北京：人民邮电出版社，2017.

[5]李忠秋.结构思考力[M].北京：电子工业出版社，2014.

[6]曾啸波、李忠秋.结构思考力：用思维导图来规划你的学习与生活[M].北京：人民邮电出版社，2017.

[7]陈君华.写作高分应试教程[M].北京：机械工业出版社，2013.

[8][美]劳拉镶.布朗，袁婧.完全写作指南[M].南昌：江西人民出版社，2017.

[9][美]罗伯特·布莱.文案创作完全手册[M].刘怡人，袁婧，译.北京：北京联合出版公司，2018.

[10][美]纳塔莉·卡纳沃尔，克莱尔·迈罗维茨.妙笔生花的秘密——商务写作新规则[M].北京：人民邮电出版社，2012.

[11]曹林.时评写作十讲[M].上海：复旦大学出版社，2014.

[12]叶圣陶.落花水面皆文章——叶圣陶谈写作[M].北

京：开明出版社，2017.

[13][美]德内拉·梅多斯.系统之美[M].杭州：浙江人民出版社，2012.

[14][美]麦克伦尼.简单的逻辑学[M].北京：中国人民大学出版社，2008.

[15]阿尔弗莱德·希区柯克.希区柯克悬念故事[M].北京：中央编译出版社，2009.

[16]薛瑞生.红楼梦谫论[M].西安：太白文艺出版社，1998.

[17]林庚.唐诗综论[M].北京：商务印书馆，2011.

期刊文献：

[1]夏玉桥.一字立骨巧构思[J].学生之友·最作文，2016（7）.

[2]施高能.谈写作中的"立骨"艺术[J].中学教学参考，2012（28）.

[3]谢星.祥林嫂，一个没有春天的女人[J].语文教育研究，2012（14）.

[4]梁多亮.文章结构的奇妙功能[J].成都大学学报（社科版），2004（3）.

[5]邓程.说"人"——文学语言的精确性和模糊性[J].文史知识，2016（6）.

[6]顾伟.品味古诗词的语言艺术探讨[J].语文天地，2018.

[7]吴晓华.浅谈语言积累对提高写作能力的作用[J].教书育人，2005.

互联网文献：

［1］一文掌握5WHY分析法精髓.[EB/OL].（2018-05-06）[2018-08-10].www.pinlue.com/article/2018/05/0611/106285355818.html.

［2］黎甜.你还在没头绪地写作吗？[EB/OL].（2016-12-03）[2019-05-07].https://www.jianshu.com/p/df5a8830daf3.

［3］刘寅子.外国作文教学给我们的借鉴与启示.[EB/OL].（2015-04-28）[2019-06-02].http://xueshu.baidu.com/usercenter/paper/show?paperid=49b6e490acbc5a6bf75a2cd54aa93252&site=xueshu_se.